The Acquisitive Society

贪婪的社会

〔英〕R. H. 托尼　著

启蒙编译所　译

商務印書館
創於1897　The Commercial Press

本书中译本根据
HARCOURT, BRACE AND COMPANY，
1920 年英文版译出

　　感谢《希伯特杂志》的编辑 L. P. 杰克斯，他允许我转载了一篇发表于该杂志的文章。

目　录

第一章　导　　言 …………………………………　1

第二章　权利与功能 ………………………　7

第三章　贪婪的社会 ………………………　16

第四章　工业主义的报应 …………………　26

第五章　财产与创造性工作 ………………　41

第六章　功能社会 …………………………　67

第七章　工业职业化 ………………………　73

第八章　"恶性循环" ………………………　99

第九章　影响效率的条件 …………………　112

第十章　脑力劳动者的地位 ………………　130

第十一章　不可少的一件事 ………………　145

索　引 ………………………………………　151

第一章 导 言

　　常言道，英国人的特有优点是有能力持续从事实践活动，特有缺点是不愿意参照原则检验实践活动的质量。他们对理论不感兴趣，理所当然地接受基本情况，更关心路况而非自己在地图上的位置。所以大可以认为，平时思想温顺又兼具实践力量的人，在面对崇尚冒险精神的国家的批评时往往也能够处之泰然。保有这种心境的人已经和命运做过交易，他们安心接受命运的安排，而不会重新做交易。处之泰然，则不会想要尝试无益的投机活动，因此可以让心灵在有利可图的活动中守住本心。有人也许会说，几乎每一代人走的路都不是自己开辟或发现的，而是接受的；主要的事情是，他们必须前进。英国人戴的眼罩让他们能够沿着老路更加稳步地快走，不用因对终点的好奇而分心。

　　但是人们不应该拿药物当日常食物，也绝不可拿日常食物当药物。难免会有一些非常时刻，在那时仍走老路是行不通的。我们必须知道那条路的去向，如果它是条死路，就必须改道。探索新的道路需要懂得反思，然而忙碌的人无暇反思，毕竟他们讲究务实，既来之则安之。可是如果旅行家不能确定路线，最务实的做法就是不要在错误的方向全速前进，而是想一想如何找到正确的方向。如果一个国家刚好遇到了一个历史转折点，最务实的做法就是不要表现得云淡风轻，好像无论是向左向右还是上山下山都无关紧要，然后以为一切照旧，只需在以往的基础上稍微加把劲；而是想一想以往的行动是否明智，假如不明智，就做出改变。如果一次灾难过后，不得不将工业、政治和社会组织的碎片拼凑起来，国家就必须做出决定；就算再不情愿，也要做决定。如果迟早要做决定，国家就必须暂时摆脱受国内报刊业主青睐的哲学思想。除非国家想做在旋转笼里做无用功的松鼠，否则它必定要清楚地理解资本主义存在哪些不足，又该有哪些特征。而要做到理解，它就必须诉诸某种比商业、工业或社会生活中一时的紧急状态更加稳定的标准，然后据此标准判断那些状态。总之，应该依靠原则。

　　英国人的社会制度并不诉诸他们本来会同意的理论，但是当事实强迫他们重新审视社会制度的时候，上述考虑或许并不是毫不相干的。诉诸原则是一切社会大规模重建的条件，因为社会制度是个人内心所服从的道德价值尺度的具体表达，不改变道德评价标准，就无法改变制度。议会、工业组织，以及社会用来表达自我的整套复杂的机构就如同一间磨坊，只研磨放到里面的东西；要是什么东西也不放，它就只能研磨空气。当然，有许多人不想改变，也反对试图做出的改变。他们发现，现有经济秩序在过去是有利可图的。他们只想要一种改变，就是确保将来同样有利可图的改变。国王喝酒的时候，波兰就喝醉了（*Quand le Roi avait bu, la Pologne était ivre*）。他们真的不明白为什么同胞们不能围着暖烘烘的炉火开心地取暖，而且像法国的收税人一样问道："一切都顺利的时候，为什么要改变呢？"我们要怜悯这种人，因为他们缺少做人的社会品质。不过他们不必争辩，因为上帝已经拒绝给予他们理解这种品质所需的天赋。

　　然而，还有一些人知道自己渴望新的社会秩序，却没有理解这种渴望的必然含义。人们也许真的同意需要进行一场彻底的改变。他们也许意识到了社会流弊，真心渴望根除弊病。他们也许设立了新的部门，任命了新的行政人员，创造了一个新的名字，来表示他们决心从事比改良激烈，但又不像革命那么动荡的事业。但是，除非他们不仅不辞辛劳地行动，而且费心反思，否则终将一事无成。他们自愿受自认为务实的人的束缚，因为他们将自己的哲学视为理所当然，看不到其中的意义；随着他们直接采取行动，那种哲学起了作用，进而充当一种凌驾一切的力量，迫使他们的行动愈发深陷于先前的路径。"我真是苦啊！谁能救我脱离这取死的身体呢？"[①]当他们渴望

─────────────

　　① 出自《新约·罗马书》7:25。作者在这里用"unhappy man"代替原来的"wretched man"。——译者注（以下若无特别说明，脚注均为译者注）

在一个更好的基础上开展经济生活时，就会像鹦鹉一样重复
"生产力"一词，因为那是他们心里最先想到的词。他们不
顾如下事实：生产力已经是经济生活立足的基础；增长的生
产力是战争前期特有的一大成就，如同宗教之于中世纪、艺
术之于古希腊；正是在罗马帝国衰亡以来生产力增长幅度最
大的世纪里，人们对经济的不满达到了最严重的程度。当社
会的悔恨触动他们时，他们最初想到的办法则是减少贫困，
因为他们最重视财富，而贫困是其对立面，贫困似乎就是人
类最可怕的苦难。他们不明白，当社会失序马上成为某种更
加根深蒂固、积习难改的事物时，贫困就是社会失序的征兆
和结果；他们不明白，社会生活中那个利用过多的财富致使
少数人道德败坏的品质，也是那个利用过度的贫困致使多数
人道德败坏的品质。

　　"但是增加生产至关重要。"这话千真万确！产品丰富
是好事，短缺则是不幸——这一点完全不用过去五年的鬼魂
从坟墓里跑出来告诉我们。然而，富足取决于协作，协作取
决于道德原则。通晓这种配方的先知们却轻视道德原则。世
间贪婪盛行、世人目光短浅，无法"使房间里的众人同心同
德"，所以世界"持续面临短缺"。商界的教师们用心良苦地
为社会重组提出了计划，可是计划失败了，因为他们尝试结
合互不相容的事物，况且如果他们扰乱一切，就无从妥善安
置一物。他们好像是这种人，倘若发现自己的劣质靴子不耐
磨，就会订购一双大两个号的，而不是一双用上好的皮革做

的靴子；或者为了弥补星期天往盘子里放入一枚劣质的六便士的过失，回头又往里面放了一枚劣质的先令。他们的狂热精力发泄一空之后，只留下一阵幻灭感；他们喊着改革是行不通的，在应该责备自己的时候反而指责人性。

但是，工业应该立足的原则一直很简单，尽管应用起来或许有难度；假如那些原则遭到忽视，原因肯定不是它们很困难，而是它们很初级。原则之所以简单，是因为工业很简单。归根结底，工业其实并不神秘，不过就是人们为了谋生，以不同程度的竞争与合作关系联合起来给共同体提供所需服务的团体。你可以随意组织工业，让它成为一群用铁锤和凿子劳动的工匠，一群耕种自家田地的农民，或者上百种不同行业中用来造船的机械大军（船舶是复杂机械造就的奇迹，那些机械是几个世纪的发明所迎来的高潮）；它的功能是服务，方法是联合。由于功能是服务，整个工业就有权利和义务面向共同体，而取消服务就意味着特权。由于其方法是联合，工业中的不同群体就有权利和义务面向彼此，而忽略或者误用联合就意味着压迫。

所以，正确组织工业的条件永久不变，假如人们可以不遵从专家们那些苍白无力的抽象概念，而从历史大格局来解读同胞的本性，那么只要肯动脑筋，就能够理解那些条件。第一个条件是，工业应该从属于共同体，通过这种方式提供技术上可行的最佳服务，而那些不提供服务的人根本不应该得到报酬。因为功能本质上应该从满意度中寻找意义，不过所要满足的不是功能本身，而是功能服务的目的。第二个条件是，工业的指导权和管理权应该交给那些对指导和管理对象负责的人，因为经济自由的条件是人们不应该受自身无法控制的职权左右。工业问题其实是权利问题，而不仅仅是物质匮乏问题；由于是权利问题，工业问题才在物质匮乏程度最低的那部分工人阶级中最为严重。它首先是功能问题，其次是自由问题。

第二章 权利与功能

我们可以把功能定义为一种具体表达社会目的观念的活动。功能的本质是代理人不仅仅为了私利或自我满足而履职，还承认自己要向更高的权威尽责。工业的目的显而易见，就是要给人们提供必需、有用或美观的物品，从而给身体或精神带来生气。只要工业服从于这个目的，它就属于最重要的人类活动。只要工业偏离这个目的，尽管从业人员也许会觉得它无害、有趣乃至振奋人心，但是它所拥有的社会意义只不过相当于蚂蚁和蜜蜂运作有序，孔雀昂首阔步，肉食动物争夺腐肉。

人们通常理解这个事实，无论他们曾经多么不愿意或者不能够遵照这个事实来行动。所以有时候，只要能够控制住暴力和贪心的力量，他们就会采用各种权宜之计来强调经济活动的社会性。然而，要有效地强调这一点并不容易，需要用坚定的意志力抑制自我本位的本能。此外，如果意志力获胜，这种强调必定体现为某种社会和政治组织，那种组织本身也许会变得武断、专横且腐败，非但无法促进功能的实现，反而会成为其障碍。当这个恶化过程积重难返的时候，就像大部分欧洲国家到 18 世纪中期的情况那样，人们少不了要摧毁僵死的组织，斩断它的根基。与此同时，个体得到解放，其权利得到扩大；但是社会目的观念因为依附于此前借以体现的陈腐秩序而失信于人，名誉扫地。

所以毫不奇怪，在旧制度的废墟上诞生的新工业社会，会把主要基调放在坚持个人权利上，不论这些个人权利的实践有助于何种社会目的。经济扩张把人口集中到产煤地区，实质上是一场从东部和南部前往西部和北部地区的大规模拓殖运动。英国的这些地区自然而然地就像美国殖民地一样，其典型哲学是开拓者和采矿营地的哲学。社会特征的变化是深刻的，但是至少在英国，这种变化是逐渐发生的，"工业革命"虽然具有毁灭性的效果，却也只是一代代的微妙道德变化所呈现出的高潮。现代经济关系的出现也许要追溯到 17 世纪后半叶的英国，与此同时，一种政治理论不断发展，用机制概念取代了目的概念。在历史上大部分时间里，人们都在社会秩序与普世宗教目的的关系中找到了社会秩序的意义。社会秩序犹如从地狱直通天堂的梯子上的一块踏板，组成社会秩序的阶级是共同体的四肢和大脑，共同体本身则是一个不完美地反映着大宇宙的小宇宙。当宗教改革使教会成为世俗政府的一个部门时，它瓦解了那种已经衰弱的精神力量，正是这种力量建造起教会这个壮观却又过度精巧的综合体。但是在根部被切断之后，这股精神力量的影响力仍然持续了近一个世纪。人们就生长在这种氛围之中，不论他们多么务实，多么不择手段，他们的精神也不能轻易摆脱其影响。人们在新的治国才能中也不难看出传统宗教的约束力量，宗教约束将它的关切带给所有从属于它的阶级和利益团体，朝着宗教构想的共同目标前进。在16世纪的大部分时期，人们普遍相信宗教约束扮演着卫士的角色。社会结构的方针不再是一种普遍秩序的缩影，反而是共同的习惯、共同的传统和信念、共同的压力从上层给了它们一个统一的方向，也就是抑制个体差异和横向拓展的力量。它们所汇聚的中心以前是一个拥有某种国家特征的教会，现在则是一个披着教会外衣的国家。

莎士比亚（1564—1616）时代的英国仍然有中世纪幽灵造访，它不同于在最后两代人的激烈争论中跨进1700年的英国；两者的差异主要在于社会和政治理论，而不是体制和政治安排。发生深刻变化的不仅仅是事实，还有评估事实的思想。这种改变的本质是一种观念的消失，这种观念认为社会制度、经济活动与共同目标有关，共同目标赋予它们意义并充当它们的评判标准。在18世纪，国家和教会都退出了曾经主要用来维护社会伦理共同体的那部分领域，剩下的是对阶级的压制，而不是对国家的约束。人们不再认为社会制度和经济活动像个人一样服从道德准则，因为人们再也不受制度的宏大表象的影响，认为制度——武断、反复无常，在实际操作中经常产生腐败——是生活服从于超越私利的目标的外在标志和表达形式。涉及社会管理的那部分统治，即便没有就此结束，至少也逐渐被废弃了。其实，中世纪就已存在的民主政治死了，而大革命的民主政治尚未诞生，所以政府落入了没有生气的上层社会之手，他们为了一种不可靠的贵族政治的利益而行使国家权力。教会甚至比国家更加远离人们的日常生活。慈善事业风起云涌，可是宗教这个曾经最强大的社会力量变成了私人的和个体的事情，就像乡绅的地产或工人的工作服。教会偶尔也会干预社会，给予特别豁免，就像君主出手赦免罪犯或者签署死刑令。但是那些熟悉、人道和可爱的东西，也就是基督徒所信奉的东西，基本上已经消失了。上帝被放逐到了无限空间的寒冷高地。天堂和俗世一样，也有一种有限的君主政治。上帝安装并启动了那架古怪的机器，自己却成了旁观者，不能也不想控制操作程序。就像王权偶尔干预议会议程一样，上帝的智慧也显露在那罕见的干涉之中。

12

权威虽不完美，却象征着社会组织的一种共同目标，它们的退位自然会导致目的观念本身逐渐从社会思想中消失。到 18 世纪，取而代之的是机制观念。人们相互团结、所有人团结在上帝周围，依靠的是他们与一种构思含糊且未完全实现的共同目标的关系所产生的共同责任，这种观念曾是维系社会结构的拱心石。当教会和国家从社会生活的中心退到边缘时，这种团结概念就不再打动人心了。拱门的拱心石拆

掉之后留下的是私人权利和私人利益，也就是构成社会的材
料而非社会本身。这些权利和利益是被国王和神父的野心 13
所扭曲的自然秩序，人造的上层建筑消失之际，它们浮现出
来，因为它们不是人类的创造，而是自然界本身的产物。过
去，人们认定它们涉及某个共同目标，也许是宗教信仰，也
许是国家利益。从今以后，人们认为它们是绝对的和不可剥
夺的，是凭借自身力量而成立的。这些权利和利益是基本的
政治和社会现实，由于是根本现实，它们并不服从于社会的
其他方面，反而是社会的其他方面服从于它们。

国家不可以侵犯这些权利，因为国家存在的目的是维护
它们。权利决定阶级关系，因为最显著、最根本的权利是财
产权——绝对且无条件的财产权，拥有财产的人天生就是那
些没有财产的人的管理者。通过个人之间的契约，个人权利
得到运用，社会随之出现。只要社会维护契约自由，保证给
予个人自由行使权利的充足空间，社会就实现了其目标；而
只要社会像法国君主政体那样独断专行，践踏个人权利，社
会就背离了其目标。所以不妨设想一番，社会在某种程度上
类似一家股份制大公司，其政治权力和股息收入理应被分配
给那些持股最多的股东。社会活动的潮流并不向共同目标汇
聚，而是经过大量的渠道分散开来，那些渠道则产生于组成 14
社会的个人的私人利益。不过在私人利益特有的多样性和自
发性中，在私人利益所涉及的目标基本不超出个人目标的情
形下，社会的成就获得了最佳保证。这里存在一种情感和理

性上的神秘主义，自然本能使人类在 18 世纪找到了被从社会中驱逐的上帝的替代者，而且毫不迟疑地予以认同。

> 所以上帝和自然设计了整体框架，
> 然后说爱自己和爱社会是一回事。①

这种观念在现实世界的结果就是法治社会。法治社会不仅不受反复无常的政府左右，而且绝不认可限制个人追求自身经济利益的道德。它在思想界对应一种政治哲学，这种哲学把权利当成社会秩序的基础，而且经过通盘考虑，认为人们在自由行使权利的过程中，必然要求履行义务。这种哲学的著名拥护者首推洛克，他的主要概念是私人权利不可废除，而不是私人权利与公共福利之间注定和谐。那些替大革命铺路的法国大作家虽然认为自己是开明专制主义的仆人，却也同样强调权利神圣不可侵犯，强调将个人目标的追求变成有利于成就公共事业的魔法从不失误。尽管他们的作品揭示了作为一种自我调节机制的社会概念（后来成为英国个人主义最有特色的基调）产生的影响，但法国大革命深深印在欧洲人心中的是神圣的权利，而非绝对可靠的魔法。英国的权利观念曾经是消极而保守的，是阻止政府侵犯的屏障。法国跳出战壕发动攻击，英国则在战壕里安心蹲守；法国的权

---

① 语出亚历山大·蒲柏《人论》。

利观念变得肯定而激进，它不是一种防御武器，而是一个社会组织原则。神圣权利并不来自发霉的特许状，而是来自人的本性。那种根据神圣权利重建社会的尝试，既是法国大革命的成就，也是它的局限，并给了它宗教般的狂热和感染力。

乍一看，英国的情形似乎正好相反。务实的英国人思想平实，对那种宏伟壮丽的惊人教义有些震惊。他们不怎么赞同法国的绝对主张。自由无法取悦他们的商业本能，他们所青睐的不是自由的权利，而是自由的便利；当大革命揭示了自然权利观念的爆炸性力量时，他们开始寻找不那么凶险的方案。最先给他们提供方案的是亚当·斯密及其前辈，这些人阐释经济生活的机制怎样"犹如一只看不见的手"，把个人权利的行使转化成了公共事业的工具。边沁看不起形而上学的机巧，认为法国《人权宣言》和所有宗教教条一样荒谬，于是用功利原则给政治制度提供最终标准，从而成为这一思想的集大成者。自此以后，重点从"个人随意运用他的自由"的权利，转变为"不受社会干扰运用自由"的便利。

这个改变意义非凡。它体现为法国的普遍平等的公民权和英国有组织的不平等之间的差别（前者被赋予 500 万自耕农，后者牢固建立在阶级传统和阶级制度之上），体现为从满怀希望到无奈顺从，从前途无量的时代的火与激情到工厂引擎的单调节奏，从杜尔哥和孔多塞到边沁、李嘉图和詹姆斯·密尔那令人忧愁的数学信条。人类明白伟大的运动源于

16

内心，代表一种信仰，不是快乐主义微积分学的精心调整的结果，人类至少在这一点上胜过研究人类的哲学家。所以法国以财产权的名义，在三年内废除了在旧制度统治时期掠夺了农民的部分劳动产品的大部分财产权，社会转型也在整个世界发生政治变革后继续进行。在英国，民主政治的喜讯小心地传开，结果没有传入犁地的普通农民或山坡上的牧羊人耳中；这里只有政治变革，没有社会转型。功利学说虽然在政治方面鞭辟入里，但是并不会严重干扰社会结构的基础。功利学说的倡导者主要是想去除政治弊端和法律异常现象，他们攻击闲职和养老金，还有刑法典和法院诉讼程序，不过他们仅仅触碰了社会制度的表面。他们认为，要公民把自己收入的十分之一作为税款交给闲散的政府，是极大的不公平；但是如果公民把自己收入的五分之一作为租金交给闲散的地主，他们却认为相当合理。

不过，这是一种重点和措辞上的差别，不是原则上的差别。是像法国那样规定私有财产和不受限制的经济自由是自然权利，还是像英国那样只是干脆假定它们是权宜之计，这实际上并不太重要。不论哪种情况，人们都认为它们理应是社会组织建立的基础，无须进一步论证即可接受。虽然边沁主张权利来源于功利而非自然，但他并未将分析推进到某种地步，说所有特殊权利都与特殊功能有关，进而不加区分地赞同伴随服务的权利和不伴随服务的权利。总之，在避免使用表达自然权利的措辞时，英国功利主义者保留了某些与自

然权利的本质别无二致的东西。因为他们假定土地私有制和　18
资本私有制是自然习俗，而且通过证明持续践行两者必定创
造社会福祉，他们的确曾让两种私有制重获新生。他们学说
的负面和正面一样重要，前者像是一种避雷装置。在他们的
政治理论背后，在实际行动（一如既往，在理论遭到思想界
质疑之后仍在表现着理论）背后，财产权与经济自由等绝对
权利作为社会组织无可争议的中心，获得了他们的认可。

　　这种态度造成了严重后果。18 世纪自由运动的动机和动
力是攻击特权。这个信条驱除了萦绕在法国乡间和城堡的农
业封建主义的幽灵，可是无力制服新出现的游走在英国北部
的工业主义怪物。当剥去光彩与幻象的自由主义于 1832 年
在英国取得胜利之际，它未经批评就走进了新世界，在那
里，作为资本主义工业范畴的私有财产和契约自由早在经济
环境比较简单的前工业时期就锻造好了。英国一直在锤炼这
些范畴，直到无人能认出它们，而且将会适时地让它们无害
化。美国迫不得已在宪法中使原则具体化，于是这些范畴拥
有了坚硬的铁甲。一个农民和工匠的社会用来珍藏其自由哲　19
学的宏伟方案面临着变成枷锁的危险，正被盎格鲁－撒克逊
的商业贵族拿去约束一群奴隶般的无产阶级移民发起的造反
运动。

第三章　贪婪的社会

经过特定的限制，推崇权利实际上能够避免特定的罪恶，应对例外的紧急状态。但是这个信条之所以在特殊情况下效能有限，恰是因为人们普遍认为它放之四海而皆准，而且直到现在的战争①爆发前夕，它都是现代经济文明奉行的信念。它的潜台词是说：社会的基础不在于功能，而在于权利；权利不是功能实现以后的结果，所以获得财富和享有财产不一定要看服务表现；个人来到世界就有权自由处置财产和追求经济利益，这些权利先于并且独立于他所提供的任何服务。确实，人们真的认为行使权利就会带来社会服务。但是社会服务不是工业的首要动机和准则，而是行使权利之余附带出现的次要结果；这个结果的确是在实践中产生的，但不是主动追求来的。社会服务既不是经济活动追求的目标，也不是评判经济活动的标准，而是一种副产品，就像煤焦油

---

①　指第一次世界大战。

是煤气生产过程中的副产品一样；不论副产品是否出现，都不应提议放弃权利本身。因为权利不像是有条件的信托，它更像是一种财产，也许真的会在例外的紧急状态下给特别迫切的需求让路，但是紧急状态一结束，它就会重新恢复影响力，在正常时期更是不在话下。

这种观念在刚过去的 19 世纪盛行于英国和美国。它所承袭的信条认为财产权是个人拥有的绝对权利，它在此基础上增加了一个基本原则，即社会限制经济事务机会的做法既不公平也不明智。该原则在历史深处有迹可循，不过在资本主义工业兴起以后才发展成熟。因此，凡是打算让义务成为占有财产或从事经济活动的条件的企图都遭到了坚决抵制。人道主义情怀与产权理论之争流传自 18 世纪，这个故事至今广为人知。人们还记得过去以财产权的名义反对工厂立法、住房改革、干涉商品掺假的行动，甚至是关于私人住宅的卫生规定。面对要求执行最低安全卫生标准的提议，工厂和住宅的所有者通常的回答是："我不可以做我自己喜欢的事吗？"即便在今天，当英国城市的地主拒不交出土地（除非有不菲的价格），从而束缚或扭曲整个城市的发展时，市政府没有足够的权力强制购买土地，只得要么花大价钱，要么看着数以千计的市民拥挤不堪。律师们认为财产所有者的个人利益是首要的、绝对的，公共利益是次要的、偶然的，所以已经对市政府获取土地的整套程序或者任何类似的新权力进行了精心设计，以防出现个人利益被迫服从公共利益的情况。

人们无须提醒就能记起同样的信条在税收领域的影响。如此一来，所得税被当作一种临时措施得到辩护，因为人们认为在正常的社会中，个人把全部收入都花在自己身上，没有给社会纳税的义务。遗产税被指责为抢劫，因为遗产税意味着通过继承而受益的权利取决于社会认可。1909 年的预算案①引起风波，不是因为土地税沉重（土地税的总额微不足道），而是因为人们认为它涉及一种信条——财产权不是绝对权利，应当伴随特殊义务。这种信条如果得出合乎逻辑的结论，就会使得所有权不再是绝对的，而是有条件的，从而破坏其神圣性。

23　　在一个有影响力的舆论团体看来，上述暗示是无法容忍的，因为它习惯于认为，自由处置财产和不受限制地利用经济机会是绝对且无条件的权利。总的来说，这种舆论直到最近也很少碰到值得一提的对手。因此，即便在行使财产权之后并不直接或间接提供服务的情况下，财产权的维护也没有受到严重威胁。没有人认为城市土地所有者作为所有者实现了某种功能。他有权私自征税，仅此而已。不过，城市土地私有制如今和过去的一个世纪一样安全；休·塞西尔勋爵②

————————

①　即劳合·乔治提出的人民预算案（People's Budget），旨在对土地和高收入群体征税，在英国建立新型社会福利制度。

②　休·塞西尔（Hugh Cecil，1864—1958），英国著名保守主义思想家，1912 年出版了《保守主义》一书。

在一本讲保守主义的有趣小书中宣称，无论私有制是否有
害，社会都不应横加干涉，因为干涉就是偷盗，而偷盗是不
道德的。没有人认为，为了公众利益，应该用大面积的土地
来修建庄园和饲养猎物。不过，英国乡绅仍然大量定居在村
庄，依然饲养无数的猎物供射杀。没有人可以说，垄断者在
"一只看不见的手"的推动下服务于公共利益。不过，最近
的信托报告说明，在一个相当重要的工业领域，联合已经取
代竞争，联合体同样可以像个体一样完全自由地利用经济机
会。没有人真的相信煤矿生产取决于缴纳的矿区使用费，真
的认为如果船主赚不到 50% 的利润，船就不会来回航行。不
过，煤矿或者说煤矿工人仍然缴纳使用费，船主仍然赚了大
钱，出人头地。

　　在这个非常时刻，每个人都在谈论增加财富产出的重要
性，每个政治家想要询问的最后一个问题显然是：为什么要
在无益的活动、与服务不相称或者根本不用于服务的支出中
浪费财富？事实上，凭借财产权获取报酬（甚至无须假托提
供服务的名义）的惯例早已根深蒂固，因此当提议国家在紧
急状态下从地下开采石油的时候，政府实际上是在提议：即
便土地所有者不知道地下有石油，每抽取一加仑也要付给他
们一笔税金；任何进一步质疑国家是否有道德义务资助他们
的声音，都会让天真的所有者感到惊讶不已。严格地说，这
些权利是特权，因为特权是一种不附加相应功能的权利。

　　简而言之，人们认为享有财产和指导工业并不需要正当

24

的社会理由，因为它们是权利，凭借自身而成立；它们不是
功能，无须依据它们对实现社会目的做出的贡献对它们进行
评价。今天，权利这个信条即使在知识界受到怀疑，也仍然
是社会组织的实践基础。它甚至迟迟不肯向最能证明其不足
的情况屈服，商界领袖面对战争期间施加于经济活动的限制
所采取的态度说明了这一点。控制铁路、矿区和船舶，通过
公共部门而非互相竞争的商人来分配原材料，调控价格，尝
试抑制"倒买倒卖"——这些措施的具体应用也许或智或愚，
时灵时不灵。事实上，有些措施显然是愚蠢的，比如在社会
要修复五年战祸的破坏时限制进口，还有一些措施在理论上
说得通，执行起来却成问题。如果有人攻击这些措施，理由
是它们妨碍功能的有效实现，如果工业领袖像一些为了自身
荣誉的人一样自告奋勇地齐声说，"我们接受你们的政策，
我们还会提升政治执行效率；我们希望仅仅凭借服务换取报
酬，我们还会让国家明白，它不用为其他情况支付报酬"，
那么，人们可能会对事实有争论，但是绝不会争论原则。

　　然而，实际上，对这些限制的控诉似乎常常适得其反。
评论家抨击这些限制，不是因为它们限制服务机会，而是因
为它们减少营利机会；不是因为它们阻止商人增加社会财
富，而是因为它们使商人自己更加难以致富。总之，不是因
为它们没能将经济活动转变成一种社会功能，而是因为它们
眼看就要成功了。如果煤炭管理局财政顾问受到信任，煤
矿股东在战争期间就会表现得相当好。但是据盖恩福德勋爵

（Lord Gainfold）的描述，将股东的利润每吨减少一半的提案"完全是抢劫和没收"。除了一些可敬的特例以外，工业的管理者真正需要的是可以像过去一样，在将来自由地经营一种旨在方便或者提升自我的事业，而不必像战争期间受到部分约束一样被迫服从于一种社会目的。要知道，承认工商业的评判标准是成功实现社会目的，意味着要立刻将财产权和经济活动从绝对的权利转变成偶然衍生的权利，因为这种做法要确保财产权和经济活动与功能有关，如果它们没有履行职责就可以合理地取消它们。总之，就是要表明财产权和经济活动是为了促进社会目的而存在，然而工商界至今认为社会是为了促进财产权和经济活动而存在。对于那些不是作为公职人员，而是凭借使制造产业促进自己的财富和社会影响力来获得自身地位的人而言，目的与手段的逆转不亚于一场革命。因为这意味着他们必须在社会法庭面前为自己的权利辩护，他们至今仍旧理所当然地认为这些权利是无可指责的秩序的一部分。

在 19 世纪的大部分时间里，私利与公益必然协调一致的信条掩盖了个人权利与社会功能这两个原则互相对立的意义。有人认为，竞争可以替代诚信发挥作用。今天，这个次要信条已经被批评得体无完肤。现在很少有人会自称遵循这个经济乐观主义和道德沦丧的混合物——它使一位 19 世纪的经济学家说："贪婪制止贪婪，欲望限制欲望。"然而，以个人权利为社会中心和支点的倾向仍然是政治思想中最有影响力的元素，仍然是工业组织的实践基础。这种观念认为私人利益和公共利益一致，人的自爱是上帝的眷顾（这是19世纪经济利己主义崇拜者的常用理由），对它的辛苦反驳所取得的成果实际上少得出奇。经济利己主义仍然受人崇拜，而人们之所以崇拜它，正是因为它不在真正的中心位置。这个信条是外围工事，不是城堡；现在既然外围工事已经沦陷，那就要夺取城堡。

28 　　对于过去一个半世纪建立起来的工业体系而言，已被驳倒的经济和谐理论既没有给出该体系特有的品质和特征，也没有赋予它韧性和凝聚力。真正起作用的信条是，经济权利先于并独立于经济功能，而且仅凭借自身而成立，无须拿出更高的凭证。实践结果表明，不论是否履行经济职能，经济权利都依然存在。经济权利如今以一种比工业主义早期更加来势汹汹的方式存在。因为工业的管理者已经从竞争走向联合，资本所有权和土地所有权的对抗早已结束。新保守主义的基础似乎是一种决心，即要凭借政治和经济行动来组织社会，确保社会抵制任何想要消灭一种报酬的企图，这种报酬仅凭所有者拥有的不用服务就抽取收入的权利而获得。所以，两大传统派别融合在一起，有人提议"强化"上议院，回归贸易保护，推崇竞争的实业家迅速转而相信垄断的好处，并尝试做出妥协、收买工人阶级中比较有势力的部分。正如一段漫长的苦痛经历所揭示的那样，革命往往效仿所推翻的旧制度。那种肯定绝对财产权利的信条偶尔会碰到一种肯定绝对劳动权利的相反主张，后者虽然没那么反社会和不人道，但是几乎和前者一样武断、褊狭和欠考虑，这令人惊讶吗？

如果一个社会旨在让财富的获得视社会责任的履行而定，力图使报酬与服务相称，不服务者不能得报酬；如果它首先关注的是人能制造什么、创造什么、成就什么，而不是拥有什么，那么就可以称这个社会为功能社会（Functional Society）。因为这个社会注重的主题是功能的实现。但是现代世界并不存在这样的社会，甚至连这样的渺茫理想都不存在，纵使过去曾有类似的未实现的理论悬在人们心头。现代社会旨在保护经济权利，除非是例外的紧急时刻，否则不理会经济功能的实现情况。现代社会提供给它的公共机构、公共政策和政治思想可信又可贵的动机，这种动机并不力图保证完成其所承担的公共服务，而是为了进一步开放机会，让个人实现他们认为对自己有利的目标。如果有人问到社会组织的目的或准则，现代社会给出的答案就会让人回想起"最大多数人的最大幸福"原则。但是所谓社会制度的目的是幸福，就是说社会制度根本没有共同目的。因为幸福是个人的事，要创造幸福，社会就要把自身分解为无数个体的雄心抱负，让人人都实现某种个人目标。

这样的社会可被称为贪婪的社会，因为它们的整体倾向、兴趣和考虑是促进财富的获得。这一概念必定非常有吸引力，因为它已经让整个现代世界着迷。自英国率先揭示工业主义的潜力以来，其吸引力越来越强，而且随着工业文明侵袭至今还在抑制贪婪的国家，随着俄国、日本、印度和中国卷入其势力范围，其影响力每隔十年就出现新一轮的扩张。贪婪的胜利并没有秘密可言。它引诱人们尽情使用天性或社会、技能、活力、自我中心主义或纯粹的好运气所赋予的力量，而不关注他们的行动是否应该受制于某种原则。它假定社会组织决定不同阶级实际应该拥有的机会，集中关注那些拥有或者可以获得力量的权利，让人们充分利用权力促进自我的利益。它没有让人们一心想着履行社会责任，因为社会责任限定人的活动，界定人的活动目的；它将人们的心思集中在追求个人私利上，并给予财富积累无限的空间，释放出人类最强大的一种本能。对强者，它承诺他们拥有一展所长的自由；对弱者，它让他们期望自己有朝一日也能变成强者。它在两者面前挂起一块金牌，这块金牌不是所有人都能得到，但是每个人都可以奋力一搏，这种无限扩张的景象令人着迷。它向人们保证，除了他们的目的之外别无目的，除了他们的欲望之外别无律法，除了他们认为明智的选择之外别无限制。就这样，它使个人成为自己宇宙的中心，让道德原则解体，只剩下私利的选择。它尽可能简化复杂共同体中的社会生活问题。它使人们不必再区分不同类型的经济活动和不同来源的财富，不必再区分进取心与贪欲、活力与无耻的贪心、合法的财产与盗窃的财产、对劳动果实的正当享受与依靠出生或者运气的寄生状态，因为它按照同一标准对待所有的经济活动，认为无须依靠社会意志去有意识地努力避免过度或不足、浪费或过剩，经济力量的机械作用基本上就可以自动纠正问题。

在上述思想的推动下，人们不再信奉宗教、智慧和艺术，因为信奉这些就意味着接受限制。人们变得强大而富有。人们即使丢失了自己的灵魂，也要继承整个世界，改变大自然的面貌。人们承认自由的出现有待于扫除障碍，这些障碍横亘在自我发展的机会和一些人掌握权力和财富所依赖的出身、富有、天赋或好运之间。如果目标十分有限和直接，如果毫无顾虑地全身心投入，个人和社会都不难实现自己的目标。那种致力于培养机会而不理会义务的态度，所指向的目标同时也是简单而可行的。这种态度在 18 世纪得以明确，在 20 世纪得到广泛贯彻。即使没有达成目标，至少也获得了达成目标的可能性。据估计，1914 年英国人均财富产出已经接近 200 美元。如果人类不选择继续牺牲繁荣来满足民族主义的野心，这个数值到 2000 年就有望翻一番。

32

第四章　工业主义的报应

　　幸福近在咫尺。然而，在实现的过程中，一些意外后果降临世界，它们是世界动荡（*malaise*）的原因，就像限制经济机会的障碍是 18 世纪社会动荡的原因一样。这些后果并不像人们经常认为的那样是偶然的失调，而是世界主导原则的自然产物。所以可以这么说，引发世界混乱的不是它的失败，而是让世界成功的品质，它的光明本身是一种黑暗。经济权力的意志只要足够执着，就会带来财富。但是如果一味追求财富，就破坏了本应是追求财富的前提条件的道德约束，因而使追求财富失去了意义。因为我们已经说过，和其他活动一样，赋予经济活动意义的是它所指向的目标。但是我们的经济文明所依托的信念，也就是说财富不是手段而是目的的信念，意味着所有经济活动不论是否服从于社会目标，都是同样值得尊敬的。所以，这个信念使收益与服务相分离，证明没有承担功能或与功能完全不相称的回报是正当的。在现代社会，财富是按照机会分配的。虽然机会在一定程度上取决于天赋和活力，但是仍然更加依靠出身、社会地位、接受的教育和继承的财富；总之，机会依靠财产。要知道，天赋和活力可以创造机会，但是财产只需要等待机会。不参与管理的股东可以分取企业产生的红利，剩余遗产的受益人总是可以说财产有自己的份。

因为回报与服务分离，所以人们最重视的不是凭劳动换取的财富，而是掩盖了肮脏的经济根源的财富，这样一来便产生了两个结果。第一个是给工业创造了一个领取养老金的阶层。他们对工业产品征收费用，却对工业增长毫无贡献；他们不仅受到接纳，而且受到称赞、羡慕和小心翼翼的保护，仿佛繁荣的秘诀全在于他们。他们会受人羡慕，是因为根本没有原则来区分依靠功能获得的报酬和不依靠功能获得的报酬，所有的收入会同样值得欣赏，而且完全依靠数量多少进行评价，只是因为收入代表着财富。所以，所有接受了工业主义的社会里都存在一个上层阶级，他们在要求享受社会生活的同时，拒绝承担自己的责任。他们的做法简直和战争之前的英国食利者如出一辙！先读公学，后到牛津和剑桥过俱乐部生活，再赶赴城里的另一个俱乐部；六月住在舒适宜人的伦敦，八月到荒野探险，十月打野鸡，十二月住在戛纳，二月和三月狩猎；全世界的新兴资产阶级都渴望去效仿，孜孜不倦地按照这个荒谬的日程表给自己的昂贵手表对时！

第二个结果是，那些从事劳动却没有凭借劳动获得丰厚回报的人状况恶化，这是绝大多数人的处境。如果人们不把工业的目标放在第一位，这种恶劣的境况就不可避免。一旦首先考虑工业的目标，时刻不忘工业的意义是人的服务这个事实，人们就会觉得所有的劳动者都值得尊敬，因为所有劳动者都提供服务，而且区分服务者和单纯挥霍之人的差别非常关键和根本，社会根本无法完全抹平以收入差异为基础的差别。但是当功能标准被遗忘时，唯一剩下的标准就是财富标准，于是贪婪的社会推崇财富占有，就像功能社会即便是面对最卑微和最辛苦的工匠，也会尊重其创造技艺一样。

这样一来，财富成为得到公众尊敬的基础。相比凭借好运或者巧用经济机会而取得财富的少数人，大部分从事劳动却没有获得财富的人被认为是粗俗和无关紧要的。于是人们认为劳动者本身不是目的，不值得为其创造财富；他们是一个不愿意与枯燥、肮脏的劳动沾上关系的世界获取财富的工具。劳动者并不快乐，因为真正的回报不仅仅在于金钱，还有同胞的尊敬；他们知道自己不如战士受人尊敬，然而正是由于他们奉献生命创造文明，才有一种文明值得战士守护。他们之所以不受尊敬，是因为有人把社会的赞美引向了获得者，而不是付出者；工人虽然付出的多，但得到的很少。工人所供养的食利者也不快乐，因为他们在抛弃那个限制获取财富的功能思想的同时，也抛弃了那个让财富本身具有意义的原则。所以，如果他们无法说服自己相信变得富有本身就是有价值的，他们或许会沐浴在社会的赞美声中，却无法尊重自己。因为他们已经废除了使活动有价值，从而值得尊敬的原则。他们真的甚至比一些嫉妒他们的人还要可怜，因为他们就像是地狱里的灵魂，实现欲望之后便遭到惩罚。

一个社会若受这些观念主导，必然成为一种不合理的不平等的牺牲品。为了摆脱不合理的不平等，社会就必须承认应该有一些原则来限制特殊阶级和特殊个人的收益，因为从某些途径取得的收益或者超过某一数量的收益是不合法的。但是这样的限制包含着一个区别对待的标准，它与如下假定不一致：每个人都有权得到他能得到的东西，不论他提供了何种服务。如此一来，1789 年的福音① 所驱除的特权，改头换面之后重回人间，依然在制造不平等，只不过不再是因阻挠人们自然地使用大致相同的体力和脑力，从而导致他们享有不平等的法定权利，而是因财产、遗产和阶级导致机会不均等，因此即便平等地行使权利，却依然享有不平等的权力。不平等再一次导致生产偏离方向。要知道，1 份 5 万英镑收入的需求和 500 份 100 英镑收入的需求一样，它像是一块强力磁铁，把能量从创造财富转移到增加奢侈品。例如，虽然十分之一的英国人生活拥挤，可是他们中有很大一部分人无暇解决这方面的供应不足，而是在给富人建造酒店、豪华游艇，还有战争大臣使用的那种汽车，"内饰为镶嵌银白色的四开红木，再用小山羊皮和摩洛哥皮革包成软垫"；近期的买家则是住在城郊的资产阶级，他们付出 3550 几尼的

37

---

① 指法国《人权宣言》。

一笔小钱，权当是鼓励有用的实业公司，并用私有经济的一个事例斥责公众的浪费。

因此，每年生产的商品有些名为财富，严格来说却是浪费，因为其中有些物品虽然被看成是国家收入，但是应该 38 在其他物品生产充足后再投入生产，或者根本就不应该投产。有一部分人受雇制造的商品，那种渴望幸福或者说没有失去自尊的人是不会制造的，因为他知道那些商品最好不要制造，制造它们是在浪费自己的生命。每个人都承认，在战争时期安排几百台挖掘机在自家土地上挖人工湖的军工商人，不但没给国家财富做加法，反而在做减法。但是在和平时期，成千上万的工人即使不用挖池塘，也是在从事同样愚蠢和浪费生命的工作；然而和平年代和战争年代一样，既有等待完成的重要工作，也有被忽略的重要工作。之所以被忽略，是因为虽然大多数人的实际需求非常小，但是有一个小阶层，那里一个人穿了几个人的衣服，吃着几个人的晚餐，占着几个人的房屋，过着几个人的生活。只要少数人得到那么一大笔收入，即便不花个精光，也一定要花在琐事上，那么国家的部分人力和机械设备就会偏离增进财富的重要工作，转而去做造成贫困的琐事，毕竟做琐事的代价只能是不做其他事情。贵族和百万富翁现在正在向矿工和码头工人宣传生产职责，如果他们想要创造更多的财富，而不是造成更多的浪费，他们实现目标的最简单办法就是：将自己每年超过（例如）1000 英镑之外的那部分收入如数转移给公众，这

样这笔钱就可以让建筑工、机修工和教师开始工作，而不是　39
让伦敦西区的园丁、司机、家庭佣人和商店经理开始工作。

　　所以那些像现在常见的那样呼吁"生产！生产！"的
人，也许要解答一个简单的问题："生产什么？"生产食物、
服装、住房、艺术品、知识？当然可以！但是如果国家对这
些物品的供给不足，难道不应该停止生产其他许多塞满摄政
街①商店橱窗的物品吗？如果国家要重新装备工业领域的机
械和铁路上的火车，难道不应该制止举办旨在鼓励富人更换
汽车的展览会吗？如果现有的部分生产力遭到滥用，还有比
强调必须提高生产力更幼稚的做法吗？难道减少无益的生产
和增加关键物品的生产不是一样重要，前者不正是后者的
一个条件吗？难道"减少私人奢侈品的开销"的说法不是和
"增加生产"的呼吁一样明智吗？然而，一个社会若将目的
观念从社会安排和工业活动中排除，就无法预防、阻止这种
现象，甚至不会承认存在这种不平等的结果。毕竟，承认这
种现象就是承认有一个高于经济力量之机械作用的原则，承
认应该由它来决定不同职业的相对价值，从而放弃无论何种
财富都是目的、所有经济活动都同等正当的观念。

　　抛弃目的观念还有一个让众人悲叹的后果，不过即便想　40
要阻止，人们也爱莫能助，除非人们不再认为自由行使权利
是主要的社会利益，履行义务是一种无须理会的次要的偶然

————————

　　①　摄政街（Regent Street）是伦敦的一条商业街，得名于当时的摄政王乔
治，即后来的乔治四世（1820—1830 年在位）。

结果。这个后果就是，社会生活变成一场激烈对抗，相当一部分工业生产要在一场变相的社会战争的间隙中进行。只要做到机智与自制就能确保工业和平，这个观念所依据的观念是，从事工业的不同群体之间在利益上基本一致，和平只是偶尔被令人遗憾的误会所中断。这个和平观念也好，其他观念也罢，都是错觉。那些重要争端的起因不是人们不理解利益一致，反而是深知利益多元。尽管正式宣战是插曲，但是造成正式宣战的条件却是永恒的；人们对工业的设想让这些条件永恒存在，也让不平等和无功能收入永恒化。它认为工业别无其他目的或目标，只是为了满足参与者。

这个动机带来的工业战争，不是令人遗憾的插曲，而是一种必然结果。它会带来工业战争，是因为它教导每个群体或个人都对他们所能得到的物品拥有权利，否认所有决定他们应该得到什么物品的原则，只承认市场机制。毕竟，由于可用于分配的收入有限，当超过一定限度时，一个群体得到什么，另一个群体必定失去什么。所以很明显，如果不同群体的相对收入并不取决于各自的功能，那么能够决定相对收入的方法就只剩下他们彼此的自我主张。的确，自我利益也许会使他们不去全力实施自己的主张，只要做到这一点，人们就会利用权力平衡去保护工业领域中的和平，这类似于在国际事务中维护和平的做法。但是维护这种和平依靠各方对蓄意斗争得不偿失的估算，而不是各方接受某种公平解决自己主张的任意报酬标准所产生的结果。所以这种和平是不确定的、虚假而短暂的。它没有结局，因为就像满足其他物欲一样，仅仅增加收入增量是不可能有结局的。当需求得到承认时，过去的斗争就会在一个新的层面上重新开始，而且总是会重新开始，只要人们试图仅仅通过增加报酬结束斗争，而不是找到一个原则，让所有报酬（无论多少）都以此为依据。

这个原则由功能观念提供，因为应用这个原则就会消除引起争夺的社会盈余，还会说明获得报酬以服务为基础，不依靠运气、特权或者利用机会讨价还价的权力。不过现代工业奉行的基本信念是，每个人和组织都有无限的权利去尽情利用自己的经济机会，功能观念与这个信条不相容。由于功能观念不被人接受，人们就凭武力解决问题，或者建议国家使用武力取代私人团体的武装，仿佛一种新型的体制可以补偿原则的缺失。然而，工业战争的真正起因始终和国际战争的真正起因一样简单。那就是，如果人们承认法律并不高于自身欲望，那么欲望发生冲突时，人们必定开战。毕竟，尽管彼此争斗的群体或国家也许愿意服从一个高于他们双方的原则，但是没有理由要他们服从彼此。

所以，受富人欢迎的观念——只要财富的产出翻一番，每个人的生活加倍富足，工业争端就会消失——不仅跟所有实践经验相矛盾，而且本质上建立在一种错觉之上。因为问题的关键不是数量，而是比例。只要没有理由说人们应该得到 20 英镑而非 30 英镑，只要还有人不劳而获，人们就容易

42

像为了获得 5 英镑而非 4 英镑一样，为了获得 30 英镑而非
20 英镑的周薪而抗争。在针对采煤的每项额外费用被取消以
后，如果矿工要求涨工资，他们的要求就要符合一个原则，
这个原则就是一群工人不得侵占另一群人的生计。但是只要
矿场主抽取使用费，异常高产的煤矿支付给不在场股东 30%
的股息，工人涨工资的要求不会得到合理的回应。因为只要
社会给那些不工作的人支付任何报酬，它就能够给工作的人
支付更多报酬。有人责怪工人从不满足，严格来说，这个天
真的抱怨是正确的。不但工人从不满足，所有社会阶层都是
如此，毕竟社会处理自身事务的原则是财富归属于那些可以
得到它的人，而且不用承担与之相称的功能。他们从不满
足，他们也不可能满足，因为只要他们使用那个原则指导个
人生活和社会秩序，便只有无穷的事物才能让他们满足。

　　说到这里，对权利的普遍坚持和对功能的普遍忽视，再
次把人们带进一种"恶性循环"。如果不摆脱那种控制着自
己的虚假哲学，人们就无法避开恶性循环。但是那种普遍忽
视造成的影响不止于此。它使虚假哲学本身显得合理而讨
喜，并成为一种规则，不仅适用于孕育虚假哲学的工业，而
且适用于政治、文化、宗教和整个社会生活领域。人类生活
的某个方面也许会被夸大，以至于使其他各方面相形见绌，
最后开始萎缩。这种可能性英国人很熟悉，毕竟"普鲁士军
国主义"的例子近在眼前。军国主义并非军队特有，社会也

有。它的本质绝不是军事准备工作的特定品质或规模，而是一种思想状态，即专注于社会生活的某个特定要素，不断提升该要素，直到该要素最后成为其他一切要素的主宰。军事力量存在的目标被遗忘了。人们认为军事力量独立存在，不用为之辩护。军事力量不再被当成是不完美的世界中必不可少的工具，反而荣升为人们迷信的崇拜对象，仿佛世界少了它们就会平淡乏味。于是政治制度、社会安排、思想、道德和宗教信仰被塞进了一个模子里——这个模子仅仅适合某一种活动，比如维持治安、维修监狱或者清洗下水道，在健全的社会，那是一种次要活动，但是在军国主义国家，那是社会本身的一种神秘象征。

英国人看得很明白，军国主义就是物神崇拜。它是人的灵魂跪倒在偶像面前，是人们粉身碎骨也要讨好偶像。人们没有看到，他们对经济活动、工业和所谓的商业的崇敬也是物神崇拜，而他们在献身于那个偶像的过程中无谓地折磨自己，并像普鲁士人崇拜军国主义一样沉湎于同样没有意义的古怪姿态。毕竟，军事传统和精神带给普鲁士的结果是创造了军国主义，商业传统和精神带给英国的结果是创造了工业主义。工业主义不是经济发达社会的必然特征，军国主义也不是维持军事力量的国家的必然特征。工业主义不是把科学运用于工业的结果，正如军国主义不是把科学运用于战争的结果；那种认为工业主义是一个使用煤、铁和机械的共同体的必然产物的观念，非但不是真理，反而本身就是工业主

45

义塑造的扭曲思想的产物。人们可以使用自己喜欢的机械工具，这无可厚非。在人们允许工具使用他们自己的那一刻，他们就消灭了自己的灵魂。总之，工业主义的本质绝不是工业的特别方法，而是对工业重要性的特别看法，后者导致人们将工业视为唯一重要的事情，工业由此才会离开它在人类利益和活动中应该占有的次要位置，上升为人类其他利益和活动的评判标准。

如果一位内阁大臣宣称英国的伟大取决于英国大量的出口，并据此断言出口较少的法国和几乎没有出口的伊丽莎白一世时代的英国肯定属于值得怜悯的下等文明，这就是工业主义，因为这个看法混淆了生活的一个小的方面与生活整体。当有人提议 14 岁的孩子每周应该上 8 小时的课，如果制造商吵着要拿刀伤害自己，而教育委员会主席被他们的恐惧深深打动，马上允许把时间降至 7 小时，这就是工业主义，因为这个现象是物神崇拜。如果政府关闭全国每年花费 2 万英镑的博物馆，把钱拿给一场每天花费 700 万英镑的战争，这就是工业主义，因为此举轻视所有对经济活动没有明显贡献的利益。如果新闻界叫嚷着说，让英国成为乐土所需要的唯一东西就是生产力、生产力、生产力，这就是工业主义，因为这个说法混淆了手段与目的。

如果人们并不清楚重要的是目的而非手段，如果人们罔顾正是工业的社会目标使工业具有意义并值得竭力从事这一事实，那么他们就总是会混淆手段与目的。一旦弄混两者，他们就会把自己的整个世界搞得天翻地覆，因为他们看不到世界运行的两极。所以当他们像英国一样彻底工业化的时候，他们的行为就像德国一样彻底军国化。听他们说话，仿佛人为工业而存在，而不是工业为人而存在，这种腔调和普鲁士人说人为战争而存在一样。他们愤恨任何未经这个主要利益粉饰的活动，因为那样的活动似乎是在唱反调。所以他们破坏宗教、艺术和道德，除非他们公正无私，否则这些事物不可能存在；为了作为手段的工业，他们破坏了这些作为目的的活动，从而使工业本身像他们的城市一样成为异常荒凉的沙漠。他们置身荒漠，只有遗忘才能做到忍受，只有兴奋才能做到遗忘。

人们互相怀疑和指责，热衷权力却忽视责任，渴望和平却不能"探索与追求和平"（因为不愿放弃那个引发战争的信条），经过这样的撕扯，我们还能怎么办？我们只好把这样的社会比作国际社会，后者也被称为社会，不过只是名义上的社会。这个比较不是玩弄字眼，而是一个扎根于历史事实的类比。过去两个世纪见证了新工业体系的新发展，也见证了在1870—1914 年间登峰造极的世界政治体系的成长，这并非偶然。双方都是同一精神的表达，都服从类似的律法。前者的本质是否认所有高于个体理性的权威。它让人们自由追随自己的利益、抱负或嗜好，不受任何讲究忠诚的共同中心的约束。后者的本质是否认所有高于主权国家的权威，人们再次把主权国家设想为一个紧密的独立单位，这个单位如果不再独立于其他

国家，就会失去其本质。正如前者把经济活动从陈旧传统的罗
网里解放出来，后者也把国家从异族或外国政权的专制统治下
解放出来，使其变成有权决定自身命运的民族。

事实上，各国的民族主义就相当于国家内部的个人主
义。民族主义拥有相似的起源和倾向、相似的成就和缺点，
因为它像个人主义一样，着重强调独立单位的权利，而非
不同单位对共同义务的服从，只不过它的单位是种族或者民
族，而不是单个的人。像个人主义一样，它诉诸自我肯定的
本能，承诺这种本能有无限扩张的机会。像个人主义一样，
民族主义是一种强大的爆炸性力量，是在有望调用任何供选
择的原则去控制它的操作之前，国家必须承认的合理主张。
因为谁也不能把一个超国家的权威强加给愤怒、不满或者受
压迫的民族，犹如谁也不能使经济动机服从于社会控制，除
非社会已经承认这些动机可以合法地占有一席之地。此外，
像个人主义一样，如果推导其逻辑结论，民族主义也会自
我毁灭。因为在民族主义青春洋溢的时候，起初的主张是作
为精神存在物的民族国家应该自己做主，接着往往会逐渐变
换主张，认为应该统治其他民族；同理，个人主义起初认定
人们有权尽己所能地经营自己的生活，最后却容忍绝大多数
人服从极少数人，而后者凭借好运、特别的机会或特权得以
最成功地行使自己的权利。两种主义同时崛起；如果衰退的
话，大概也会一起衰退，毕竟生活是不能割裂开来的。最终，
世界在战争中收获了它在和平时期播种的东西。认为只要各

49

国的工业秩序给那些旨在争取自我扩张的人带来成功，国际对抗就会消失，这种期待是一个根本不值得赞美的梦想。

所以民族主义的误用是帝国主义，犹如个人主义的误用是工业主义。这种误用不是出自人性的缺点，而是来自观念的力量，因为这个原则是不完美的，在显露力量的同时也暴露了缺陷。毕竟，这个原则错误地断言国家和个人的权利是绝对的，而不是正确地断言两者的权利在自身范围内是绝对的，两者的范围本身则取决于它们在国家和个人共同体中所起的作用。这样一来，这个原则就迫使二者无限扩张，并在扩张途中吞灭大地与海洋、律法、道德和宗教信仰，最后企图凭借非常有限的自我来实现无限的可能性，结果搭上了自己的灵魂。在此期间，两者的对手、臣民和它们自己意识到了针锋相对的危险，于是追求安全并通过维持权力平衡来避免碰撞。不过，无论是在国际政治中还是在工业中，平衡都是不稳定的，因为平衡并非建立在一个限制国家和个人的主张的公认原则上，而是建立在找到一种不用起誓维护无条件主张就能避免冲突的均势的努力上。这样的均势是找不到的，因为在一个军事或工业力量可能会无限增长的世界里，不存在这样的均势。

因此，只要人们在这个层面上前进，就找不到出路。人们要想实现和平，唯有放弃随意行使自己权利的主张，也就是放弃战争的起因。总之，过去五年①，我们在国际事务和工业

①　根据原书的初版年份，这五年大约是 1916—1920 年。

50

中不断目睹那种建立在权利与义务分离基础上的社会组织走向崩溃。崩溃在所难免，迟早是要发生的，因为基础太不牢靠了。毕竟，权利只是一种受法律法规保护的权力。按照法律界的定义，这是一种"存在于个人身上并在国家帮助下控制他人行动的能力"；权力不应该是绝对的，同理，权利也不应该是绝对的。毫无疑问，与其让国家或政府拥有绝对权利，不如让个人拥有绝对权利；正是为了反对国家滥用绝对权力，人们才在18世纪主张个人的绝对权利。针对一个极端的声明，最想当然的防范对策就是另一个极端的声明。既然政府和封建主义残余势力侵犯了个人财产，那财产权肯定就是绝对的；既然它们抑制事业心，那每个人肯定就拥有自愿经商的自然权利。但是，实际上，两个声明都是错误的，如果付诸实践，必定会引起灾难。国家没有绝对权利，那些权利受制于国家委员会。个人也没有绝对权利，那些权利与他在社会中所承担的功能有关，因为，如果权利不受限制，必定会产生某种具有私人战争性质的后果。总之，所有权力都应该是有条件的和派生的，因此所有权利都是有条件的和派生的。所有权利都来源于它们所在社会的目标，它们的存在条件是要用于促进社会目标的达成，而不是从中作梗。这实际上意味着，如果社会想要健康发展，人们必须不把自己当成权利的所有者，而是当成履行功能的受托人和实现社会目标的工具。

第五章　财产与创造性工作

应该以功能为基础来组织社会，这个原则应用起来不但不深奥，反而简单直接。首先，它提供了一个区分私有财产中的合法与非法类型的标准。在过去一个半世纪，政治思想在两种财产概念之间摇摆，两种概念虽然形式不同，却都很夸张。一方面，社会组织的实践基础是这样的信条：任何时候存在的特定形式的私有财产都是神圣不可侵犯的，任何事物都有可能成为财产权的客体，而且一旦转变成功，所享有的权利就是绝对的和无条件的。在这种产权理论如日中天的时代，现代工业体系得以成形。美国宪法和法国《人权宣言》同样把财产权当成一种政府必须保护的基本权利。1688年英国光荣革命虽然谨慎而不教条，实际上也做了同样的事情。从洛克到杜尔哥、亚当·斯密和边沁，所有著名的个人主义者都用不同的语言复述了一种相似的概念。在英国上层社会的眼里，法国大革命的残忍特性源于其对待财产的做法，但是英国托利党像法国雅各宾派一样坚决维护私有财产神圣不可侵犯的教条。许多现代的保守派坚持财产权是绝对权利的理论，只要他们稍作了解，就会知道那就是1789年法国大革命时期的大众，还有国民公会所坚持的理论。

另一方面，攻防双方几乎都对财产不加区分。在过去一百年的社会运动中，"私有财产"一直处在各方势力对抗的中央。对私有财产的批评涉及的范围非常广泛，既有在最基本、最个人的生活必需品上充满想象力的共产主义，也有已经部分实现的平凡提案，比如把某类财产从私有转变为公有，或者通过国家施加的限制制止剥削。但是不管重点和方法如何变化，对于姑且称之为社会主义财产批评的理论，通常的注解就是社会主义一词本身的含义。这种批评本质上是在声明，社会的经济弊端主要归因于在现代工业组织条件下，私有财产制度的操作不受监管。

意见上有分歧是正常的，因为在关于财产的大部分讨论中，对立的理论家通常在论述不同的事物。财产是最模糊的范畴，涉及众多的权利，这些权利没有共同之处，只是都由个人行使，靠国家强制执行。除了形式特征之外，这些权利在经济特征、社会效应和道德合理性上都不尽相同。也许有的像专利权的授予一样是有条件的，有的又像地租的归属一样是绝对的；有的像版权一样是有期限的，有的又像永久产权一样是永恒的；有的像主权一样是全面的，有的又像地役权（easement）一样是有限的；有的像衣服和书籍的归属一样是实实在在的，有的又像金矿或橡胶种植园的股份一样是不可捉摸的。所以，提出个案来支持或者反对私有财产，却不说明其具体形式，那是毫无意义的。有位记者说"私有财产是文明的基础"，蒲鲁东却说私有财产是盗窃，然而两人至少在这个方面是一致的——如果没有进一步的定义，两人的话都没有意义。用于支持或驳斥某种财产的论证，也许并不适用于其他财产；经济组织某一阶段的决定性因素，也许和下一阶段基本不相干。明智的方法是：既不要笼统地攻击私有财产，也不要笼统地保卫私有财产；要知道，仅仅是名称相同的事物，其实质不一定相似。私有财产本身毕竟只是一个抽象概念，我们还要区分它的各种具体表现形式。

就这里的讨论而言，不同种类的财产所有权的起源和发展并不重要。可以看到，不论它们经历了怎样的历史过程才得到确立和公认，在英国，私有财产所依据的基本原理一向都是保证每个人劳有所得。"如果我没有信心享有劳动果实，"边沁说（复述了洛克的所有论证要领），"我就会得过且过，就不会从事只对我的敌人有好处的劳动。"有人认为财产权是一种道德权利，而不仅仅是一种法定权利，因为它确保生产者努力获得的成果不会遭到暴力剥夺。这种观念产生的时期与我们自己所处的时期有所不同，具体表现在三个明显又重要的方面。那时，土地所有权和大部分工业领域使用的简单资本相当分散。在资本主义农业和资本主义工业兴起之前，人们对所使用的土地和工具的所有权，或者至少是安全的实际占有，是在田间或工场从事有效工作的一个前提条件。威胁财产的力量是政府的财政政策，在有些国家（例如法国）则是腐朽的封建主义残余势力。两股力量中任何一个的干涉，都会为了那些不事劳作的人而牺牲那些从事有用劳动的人。为了抵抗那些力量，不仅要保护财产，而且要保护与之密不可分的勤勉。事实上，抵抗通常徒劳无功。对法国农村土地所有者的悲惨见怪不怪的伏尔泰，惊讶地觉察到英国农民可以致富，而且"不害怕多养牲畜和盖瓦房"。英国的资深议员和法国哲学家使神圣不可侵犯的财产权成为他们政治哲学的中心，当他们为那些拥有财产的人辩护的时候，就算有时候是无意的，却也顺便为那些劳动者做了辩护。他们是在保护自耕农、工匠或者商人，不用眼看着自己的劳动果实被圣詹姆斯宫①的谄谀之辈或者凡尔赛宫的高贵寄生虫们挥霍。

在上述情况下，从私有财产让勤勉的人能够劳有所得这个事实中给私有财产寻找正当理由，这个信条不是悖论，反而像是大众眼中的自明之理。财产权作为最神圣的权利而得到保护。此外，这种得到保护的财产权不仅运用广泛，而且是落实提供衣食的积极功能的必要条件。因为它的构成主要有两种类型，要么是财产所有者用来实现生产目标的土地或者工具，要么是作为文明生活的必需品或者便利设施的个人

①　圣詹姆斯宫（St. James），英国王室的重要宫殿，建于都铎王朝的亨利八世时期（1509—1547）。

所有物。前者的基本原理出自一个事实，即农民的土地或者
工匠的工具是他提供社会所需服务的条件；后者则是因为家
具和衣服对于个人体面而舒适的生活不可或缺。有些财产所
有权（当然，有许多种类）的来源并不是工作，而是掠夺性
的力量。它们之所以免受批评，是因为有些种类的财产散布
在大众中间，而且至少在英国，人们逐渐削弱了比较原始的
掠夺性财产所有权。当土地和简单资本等财产散布在一切社
会阶层中的时候，当英国大部分地区的典型劳动者不是劳
工，而是可以指出自己耕种过的土地的农民或者指出自己编
织的布匹的小业主的时候，当大部分遗产由与财产难分难解
的土地、家具和库存货物构成的时候，财产所有权的道德合
理性就是不证自明的。理论家说过，普通人也知道，其合理
性显然就在于用来生产、获取和管理财产的劳动。

　　这种让人劳有所得的财产不是社会负担，而是社会健
康、高效发展乃至继续存在的条件。保护这种财产就等于维
持一个提供公共必需品的机构。如果农民像在都铎王朝时代
的英国一样，为了给羊群腾地方而被赶出他租种的土地，或
者像在 18 世纪的法国一样被横征暴敛和领主税捐压垮，那
么土地就会荒芜，整个社会就会出现食物短缺。如果木匠和
铁匠的工具被扣押，犁具就无法修复，马掌就无法上钉。所
以，在商业文明兴起以前，就像在都铎王朝治下的英国和亨
利四世治下的法国一样，拥有政治才干的标志是爱护卑微的
财产所有者，甚至为此不惜得罪大人物。以前人们纷纷把自

57

58　　耕农理想化——"国家的约瑟，让穷人不再挨饿"①，不仅仅是因为他拥有财产，也是因为他从事创造财产的工作。以前人们谴责"把众人的生计交到一人之手"的现象，而资本主义社会如今对此现象安之若素，认为这是经济发展的必然结果，显然值得赞赏。以前，人们诅咒不事劳动、从邻居的生活必需品中取利的高利贷者；人们震惊于那些"眼里没有上帝，没有王国利益，用篱笆和堤坝围住村庄和城镇"的人对公共福利漠不关心；人们有足够的力量迫使政府出面阻止田地被圈占、织布机独占市场，总之，给财产可能增长的程度设定限制。

　　培根赞颂保护卑微农民的承租权的亨利七世，并在英国下议院为更加激烈的土地立法辩护。当他写下"财富好比粪肥，只有撒出去才是有用之物"②时，他是在用警句表达从 15 世纪末期的福蒂斯丘到 17 世纪中期的哈林顿③的每位政治作家的一贯主张。如今，休·塞西尔勋爵开始谴责这个主张根据用途来维护所有权的信条，现代的保守派如果倾向于按照字面意思理解休勋爵的有力论证，也许会想起来，休勋爵的理论是一种会让自己的祖先在坟墓里也不得安宁的理

---

　　①　语出英国著名历史学家、教士托马斯·富勒（Thomas Fuller，1608—1661）的著作《神圣之国》（*The Holy State and the Prophane State*）。

　　②　语出培根的随笔《论叛乱与骚动》（*Of Seditions and Troubles*）。

　　③　约翰·福蒂斯丘爵士（Sir John Fortescue，1395—1477），英国著名法学家；詹姆斯·哈林顿（James Harrington，1611—1677），英国著名政治理论家，代表著作是《大洋国》（*The Commonwealth of Oceana*）。

论。塞西尔家族在 19 世纪以前就获得荣誉，家族的两个成 59
员中年长的建议王权阻止地主驱赶佃户，事实上还提议针对
不同阶级可能拥有的财产确定最大的金钱额度；年轻的那位
在议会攻击圈地现象，提倡用立法迫使地主修建村舍，允许
佃户拥有小块耕地，还要犁掉养羊的牧场。

　　威廉·塞西尔和罗伯特·塞西尔 ① 是睿智而负责任的人，
他们认为在保护财产的同时要强加给财产所有者相应的义
务，这个观点在他们那个时代非常流行。现在的私有财产制
度涉及财产所有者以自己愿意的方式使用或不使用财产的权
利，无论他可以履行什么义务，财产制度的主要意义都是要
给他提供收入。面对这种思想，他们那个时代的大多数公众
人物应该无法理解，即便理解，当中更有名望的人应该也会
义愤填膺地予以否定。他们在财产对公共目标的贡献中寻找
财产的意义，无论那种贡献是农民生产粮食，还是贵族管理
公务，并且在坚决维护那些履行义务的财产类型的同时，毫
不犹豫地抑制那些有可能与义务冲突的财产发挥作用。他们
认为，财产要辅助而非替代创造性工作。为了确保专利权人
得到自己脑力劳动的果实，他们会保护他的新发明，但是面
对剥夺别人的劳动果实的垄断者，他们会予以制止。村庄的 60

---

　　① 威廉·塞西尔（William Cecil, 1520—1598），都铎王朝著名政治人物；
罗伯特·塞西尔（Robert Cecil，约 1563—1612），威廉之子，都铎王朝和
斯图亚特王朝时期的重臣，第一代索尔兹伯里伯爵（Earl of Salisbury）。他
们就是前文提到的休·塞西尔的两位祖先。

律法约束农民不得按照自己认为最有利可图的方式使用土地，而是要种植村庄需要的谷物。在漫长的政治变革使直接干预行不通以后，实际上在很长时间里，上层的英国地主仍在履行义务，不论履行方式如何专横跋扈，他们都依稀觉得要凭借名下的地产为公共服务做贡献。就像法国一样，当所有权的相应义务快和今天一样遭到所有者彻底拒绝的时候，每个保留了权利却放弃了功能的贵族的地位都开始遭受惨烈的报应。总之，财产在过去不仅依靠便利或者对利润的欲望，而且依托于一种道德原则；保护财产不仅是为了财产所有者的利益，而且是为了劳动者和使用劳动者的产品的人。财产要得到保护，因为如果财产不安全，就没有人去生产财富，也没有人去从事社会经济活动。

无论未来的情况如何，过去呈现的最佳社会秩序莫过于此：在这个社会中，民众是自己的耕地和劳动工具的主人，可以像英国自耕农一样夸口说，"自力更生，后继有人，人心才会平静"。对于这个财产概念及其在社会制度中的实际表现，那些极力要求根据功能来组织社会的人没有什么意见。这个概念符合他们自己的信条，因为它参照财产所有者所能提供的服务来替财产辩护。他们只需要过问如何让这个概念得出其合乎逻辑的结论。

显然，论证从来不止一面。要是用这个概念为某些类型的财产辩护，就必然遣责其他类型；而在现代工业文明的条件下，它所辩护的类型少于它所谴责的类型。确实，真相是这种产权理论及其体现的制度延续到了新的时代，此时的整体社会结构完全不同于阐述这种理论的那个时代，那时它至少是解释最常见的特有财产类型的一个有效论证。如今，不只是大部分国民财富的所有权集中在几十万个家庭的手中，而且在一个以肯定财产权益开始的时代走向结束时，财产所有权其实根本不够分散。如今，使财产不安全的因素不再只是违宪君主的横征暴敛和懒惰贵族的特权，还是财产本身贪得无厌的扩张、聚合：它威胁要吞并一切不是最大规模的财产，包括小业主、小老板和乡镇银行的财产，而且已经把大众变成在代理人手下为所有者的利润而工作的无产阶级。

　　我们区分大部分现代财产和前工业时代的财产，并用以前拥护财产的那个论证反对财产，所依据的典型事实是：在现代经济条件下，所有权不是积极权利，而是消极权利；对于现在的大部分财产所有者而言，财产不是工作的工具，而是获取利润或者行使权力的工具；收获利益不必提供相应的服务，拥有权力不必承担相应的责任。因为那种可以被当成是履行功能的一个条件的财产，比如工匠的工具、农民的耕地，或者有助于健康而有效率的生活的个人所有物，就其价值而言，在现有财产权中所占的比例无关紧要。在现代工业社会，正如死后遗产的年度报告所揭示的那样，绝大部分财产的构成既不是家具等个人所有物，也不是店主的库存货物，而是不同种类的权利，比如使用费、地租，最重要的当然是不论股份持有者是否亲自提供服务，都会产生收入的工业项目中的股份。所有权和使用权一般是分离的。大部分现代财产已经弱化为一种金钱上的扣押权或者关于工业产品的债券，财产本身带有获得报酬的权利，而且通常受重视的原因正是它解除了所有者需要完成积极有益的功能的责任。

63　　这种财产也许可以被称为消极财产，或者推崇贪婪、剥削和权力的财产，从而区别于所有者主动用来从事职业或者维持家庭的财产。当然，对于律师而言，前者和后者同样完全是财产。然而，经济学家给前者的称呼未必会是"财产"，更有可能是霍布森先生所提出的"非财产"①。因为这种财产不但不等同于那些确保所有者得到劳动产品的权利，而且与它们相对立。根据这个差别对所有权进行分类，这样做是有益的。如果按照所有权与两个极端中的某一端的接近程度排列，就会发现它们排成了一条线，起点处的财产显然是以个人服务为前提的报酬，终点处的财产只是一种从他人提供的服务获得报酬的权利，实际上就是一种私人的税金。如果省略掉所有的细节和条件，所呈现的大致次序也许就是：

　　1. 属于为个人服务支付报酬的财产；

　　2. 属于健康和舒适所必需的个人所有物的财产；

---

　　①　英国政治思想家、经济学家霍布森（John Atkinson Hobson，1858—1940）杜撰了"非财产"（Impropery）一词，指代所有者不直接使用，而是用来从别人那里取得收入的财产。例如房主自己不住，专门用来收租金的房子。

3.属于供所有者使用的土地和工具的财产；

4.属于作家和发明家拥有的版权和专利权的财产；

5.属于包括许多农业租金在内的纯利息的财产；

6.属于好运气所带来的类似租金的利润的财产；

7.属于垄断利润的财产；

8.属于城市地租的财产；

9.属于使用费的财产。

64

前四种财产明显伴随着工作表现，在某种程度上还影响着工作表现；后四种则明显不是。纯利息（第五种）与两端都有关联。无论用什么法律法规保护财产，纯利息都代表一种必要的经济成本，相当于必定产生的东西，因此不同于利润（不包括承担必要的风险所得到的相当于工资和报酬的利润）、城市地租和使用费所代表的财产。不过纯利息使其接受者摆脱了个人服务，因此又与后四种类似。

每个社会都会面临的关键问题是：在任何特定的时刻，它所维护的所有权大部分（用价值来衡量）会出现在这两大类中的哪一类？如果出现在第一类，创造性工作就会受到鼓励，游手好闲就会受到抑制；如果出现在第二类，那么结果就会相反。随着时代的变化和国情的不同，事实也会截然不同。事实尚未充分揭示，因为丛林之王不会在白天捕猎。就所有者使用的土地和工具在既有财产中所占的比例而言，1550—1750年间的英国可能至少要大于同时期的法国，因为法国的封建税捐吞并了很大比例的农民收入；同样也大于

1800—1850 年间的英国，因为英国当时新兴的资本主义制造商得到了成倍的利润，而饥饿迫使体力劳动者不能进行反抗。在 19 世纪，大概由于法国大革命，法国和英国交换了位置，在这一点上，不仅是爱尔兰，就连英国自治领可能也类似法国而非英国。研究这种转变的最佳案例在美国，在那里，19 世纪初期的地主和小业主在三代之内分批被无产阶级和资本主义财阀所取代。以平等的名义废除封建农业的经济特权，是法国大革命的动力，而且所有受法国影响的国家都用这样或那样的形式采取了类似的行动。不过在 1800 年以后，工业主义引起不平等现象增长，基本上抵消了过去的成果。

在英国，最近经济发展的普遍影响是增加让所有者具备不劳而获资格的所有权，减少适合用功能来描述的所有权。前者的扩张及其吞并更简单的财产类型的过程，是一些极为重要的活动，其重要性怎么高估都不为过。当然，很多财产仍然是传统类型。不过，从事耕种的地主和自己打理生意的资本家虽然总体上数量庞大，他们所代表的组织在现代经济世界却不是最典型的。社会总趋势是财产的所有权与管理权相分离，普遍把财产调整为对某个工人所生产物品的权利主张，这个趋势就像资本主义工业和城市文明本身的增长一样，是确定无疑的。村庄转变为城镇，土地财产由农民租种的土地或者地主管理的房产变成"租金"，然后像其他投资项目一样打广告和买进卖出。矿场开放，土地所有者的权利转化为每挖一吨煤给予的份额。随着股份公司取代工厂体系早年间特有的个人企业，组织从拥有并管理生意的雇主手里传到了领薪水的行政人员手里，成倍增加的食利者再次使财产所有者人数大增，这些食利者将自己的财富交给行业处置，可是与行业的关系仅此而已。我们这个年代正在发生的最显著的变化，也许是在零售业中连锁商店取代小店主，在制造业中联合与重组代替相互竞争的雇主所经营的独立业务。当然，创造这些所有权的因素不只是经济发展。"吃的从吃者出来，甜的从强者出来。"① 野蛮时代常常谴责战争破坏财产，不过战争最近创造的财产所有权很可能比所有其他因素加在一起还多。

这些所有权种类繁多，却又具有共同的特征，那就是完全与它们控制的实际对象分离，本身非常纯粹和普遍，几乎类似于一种货币，而不是那种与所有者密不可分、俨然是所有者的一部分的财产。它们孤立于经济生活的粗糙环境，也就是它们所象征的实物得到体现和使用的环境。这份孤立既是其魅力所在，也是其危险所在。一个阶级对未来的影响取决于该阶级履行的功能。工作是自然的需求：有工作的贵族无论如何强横，很少会衰落；没有功能的贵族很少能幸存。社会和有机生命的世界一样，萎缩只是走向死亡的一个阶段。随着地主完全变成食利者，管理工业不再凭借早期控制

---

① 《圣经·士师记》中参孙的谜语。

工业的精力充沛、互相竞争的雇主，而是依靠给股东服务的工薪阶层，那个支持私有财产的论证失去了用处，因为其依据是任何组织都无法取代地主和雇主，然而现在他们已经被取代了。

无论这些类型的财产存在的理由是什么，都不能用来解释农民和工匠的财产，更不必然确保每个人得到自己的劳动果实。因为如果有一个法定权利完全"保护劳动果实"，规定每年给英国北部矿主和伦敦房产地主每人 5 万英镑，那么果实会属于财产所有者，劳动则属于其他人。财产面对的敌人之中，最阴险的莫过于那些好心的无政府主义者，后者辩称所有种类的财产同样合法，从而使制度落下铺张浪费的骂名。实际上，不管根据事实得出什么结论，不论财产是像矿业权和城市地租一样，只是法律允许某些人对他人的产业征税的一种私人征税形式，还是像资本所有权一样，包含对资本家本人不会使用而交给会用的人使用的工具收费的权利，大部分现代财产的基本特征都是授予财产所有者收入，却不用他们提供个人服务。在这方面，土地所有权和资本所有权通常是相似的，尽管从其他观点来看，两者的差别很大。对于经济学家而言，租金和利息的区别是有事实依据的，后者（尽管经常伴随着一并融入红利的盈余部分）是一种生产工具的代价，如果不付出代价，就没有接下来的工业生产；前者是一种特殊盈余，并不影响供给。对于商界和法律界而言，土地和资本都是投资：它们的共同特性是不用劳动就产生收入，所以区别对待它们是不合理的；它们作为经济类别的意义也许不同，可是作为社会制度的作用是一样的。这是要把财产和创造能力分开，并把社会划分为两个阶级，一个阶级的首要兴趣是消极所有权，而另一个阶级主要依靠积极工作。69

　　所以要想说明许多类型的现代财产，正确的类比不是小地主或者工匠的简单财产，更不是家庭用品和昂贵的家用设施。"财产"一词在店员和店主诚实的心里唤起的正是这些，在有人高喊"财产"受到威胁的时候，他们会像受惊吓的绵羊一样仓促地摆出凶狠姿态。正确的类比是在法国大革命前掠夺法国农民的部分产品的封建税捐。使用费同过去的刺枪靶费（quintaines）和售地金（lods et ventes）有何不同？它们的起源相似，都是一种向劳工创造的每次财富增额征收的税。城市土地租金同在 1832 年改革法案颁布以前付给英国闲职人员的报酬有何不同？它们都是工作的人付给不工作的人的贡物。封建领主要求佃农必须在他的磨坊磨谷物，用他的榨酒机制酒。政府委员会的信托报告则告诉我们，资本家"在肥皂、烟草、壁纸、盐、水泥和纺织品贸易……中决定着产品和价格"，换句话说，资本家能够强迫消费者按照他们确定的价格购买商品，否则就什么也买不到。如果领地设施所有者的垄断利润是一种无法忍受的压迫，那么资本家的垄断利益所附带的神圣性又从何而来？

　　使用费、土地租金和垄断利润，这些权利都是"财产"。

70 对它们最致命的批评并不来自社会主义者，而是包含在经常用来为财产辩护的论证中。事实上，如果制度的意义是通过确保工人劳有所得来鼓励勤勉，那么，制度越是要保护一个人的劳动成果带给他的财产，就越是要废除他从别人的劳动成果中得到的财产。那些证明所有权是一种功能的考虑，同样也谴责所有权是一种税收。财产不是赃物，但是大量的赃物变成了财产。假如有人问使用费的所有者，他仅仅拥有矿物，并不曾参与发现和开发，也没有付出劳动，凭什么因此每年得到 5 万英镑，他答道："这可是财产！"此时，他也许对这句话的含义充满敬畏。但是实际上，他的行为像蛇一样，把自己伪装成枯死的树枝藏进背景里；或者像疯子一样，设法坐在树篱后面弄出萝卜的声响来抓兔子。他一直在进行保护性、有时也带攻击性的模仿。他对财产的情感，和卑微的劳动者担心别人收获自己播种的东西一样。不过，他的要求是允许他继续收获别人播种的东西。

　　有时候有人会说，我们的工业文明不太吸引人的特征，如奢华与肮脏、阶级分化和阶级斗争，是偶然的失调；失调的并不是工业文明的核心，而是可以靠经济进步本身及时纠正的赘71 生物。这份乐观态度讨人喜欢，却经受不住在工业社会实施土地和资本私有制度带来的考验。在土地相当分散的国家，比如法国或者爱尔兰，财产的作用可能是使财富普遍扩散到既拥有土地又从事耕种的农村中产阶级中间。在工业组织发展到已经把财产所有权和实际工作分开的国家，私有财产的正常作

用则是把更富饶的场所、更好的机器、更精心的组织管理所
产生的盈余转移给无功能所有者。这个"租金法"拥有过的
最佳范例，莫过于阿瑟·洛斯·迪金森爵士（Sir Arthur Lowes
Dickenson）为煤炭工业委员会提供的数字，其中表明，在某
个给定的季度里，每吨煤的生产成本为 12 先令 6 便士至 48 先
令不等，每吨煤的利润则为 0 至 16 先令 6 便士不等。面对储
量丰富又容易开采的煤层的施工作业、市场上的特殊机会和销
路、先进的机械装置和组织管理所产生的盈余，股东们的分红
涉及那种作为一种国家制度的特权的确立，丝毫不亚于封建领
主确定的最专断的苛捐杂税。这是不平等的基础，它不是偶然
的和暂时的，而是必然的和永久的。这种不平等也建立在阶级
制度的配套机构之上，阶级制度不仅使收入不同，而且使住
房、教育、卫生和礼仪，甚至是不同阶级的英国人的外貌都彼
此不大一样，仿佛少数群体是外来移民，定居在一群贫困的原
住民那未开化的文明中间。

72

在英国，为私有制辩护的理由向来是私有制会保证每个
人享有自己的劳动果实，所以这个传统理由也逃不过大多数
政治理论的命运，尽管它在自己得到阐述的时代非常适用。
反驳它的不仅有敌对哲学家的学说，还有经济发展的乏味进
程。就大众而言，个人财物以外的私有财产，即使不完美且
不稳定，却仍然常常满足需求，这个需求是对安全的需求。
小投资者是财产所有者中的大多数，不过只拥有现有财产的

极小部分。对他们来说，财产的意义很简单，它不是财富或
者权力，甚至不是工作之余的休闲，而是安全。他们努力工
作，存下一些钱用来养老、看病或者抚养孩子。他们用这笔
钱投资，他们最担心的事情是受到阻碍不能获得利息。他们
的积蓄给工业带来便利，积蓄的收益给他们带来便利。他们
问道："难道我们不应该在晚年获得年轻时勤俭节约换来的
优势吗？"这份对安全的渴望非常迫切，以至于那些饱受滥
用财产之苦的人和那些只要能够获利就肯定会不惜滥用财产
的人一样，也会容忍甚至捍卫那种滥用，唯恐切除死物的刀
子削掉伤口的嫩肉。他们见过太多溺水的人，而不再挑剔旱
地，尽管那是一片荒凉的岩石。他们受够了关于未来的噩梦
的困扰，如果夜贼能砸碎这个噩梦，他们就会欢迎夜贼。

　　这份安全需求是基本需求，我们的文明所面临的最大控
诉或许就是，大众没有安全感。财产是满足安全需求的一种
方法。所以很好理解，手段应该与目的融合起来，任何财产
调整方案都会产生令人沮丧的结果。人类，道路，桥梁和渡
船，文官、法官和书记员的办公室，军队佣金，这些在过去
都是私有财产。每当有人提议废除那些用来控制它们的权
利，就有人抗议说，这样会造成制度崩溃，导致节约的人既
不能使用积蓄投资，也不能依靠制度保护生活中的机会并安
享晚年。然而事实上，财产不是保证未来的唯一方法，就算
人们所挑选的方法是财产，安全也不取决于对目前通常涉及
所有权的一切权利的维护。只要安全感的心理基础是必须保

证提供一份稳固而确定的收入，保证这份收入在接受者失去工作能力时到位，可以用来养活那些不能养活自己的人，那么，真正需要做的就不是掌控某个伴随资本所有权的特定事业的波动收益，而是用养老金提供安全。财产是手段，安全是目的；当有替代方案准备提供安全时，财产的缺失实际上并没有使人失去信心、自由和自主。

　　所以，中产阶级职业人士如今和体力劳动者一样（自资本主义兴起以来，体力劳动者在英国很少能够积累足够的财产，作为自己主动赚钱的时期过去之后的收入保障），越来越不靠投资寻求安全，而是靠对抗疾病和死亡的保险、购买养老金，或者实际上相同的东西，即积累部分工资以便停薪之后领取退休金。中产阶级职业人士希望从交易中获利时也许会买股票，但是当他希望购买安全时，他的投资形式通常就是各种形式的保险。教师、护士、公务员期待退休金。50年前，人们会认为女子几乎完全依赖他人，仿佛女性是一种生下来就有的不治之症，她们的父亲如果不是富翁，就会焦虑万分，唯恐自己的积蓄不够养活她们。现在女性接受教育，凭借专业技能养活自己，以同样的方式攒钱。做好这种准备的仍然只是少数情况，几乎所有不在政府部门工作的工薪阶层和许多公职人员，都与很多职业人士一样在生病或者晚年时无依无靠。但是这并不改变这个事实——做好这种准备以后，就会满足安全需要，而且肯定比财产本身更能满足安全需要；当然，且不说个人所有物和家具，对于目前人口

74

75

最多的那群人而言，财产的主要意义是满足这种需要。

　　事实上，即便财产是为未来做准备的工具，这种准备也并不依靠对现在伴随所有权的全体权利的全面维护。财产不是简单的，而是复杂的。一个人用积蓄进行投资，成为普通股东之后，他的财产至少包含三种权利，即获得利息的权利、获得利润的权利、获得控制的权利。只要一个人期待的是保证稳定收入得到维持，而不是不用劳动就获得额外的财富，只要他的动机不是收益而是安全，资本利息就会满足他的需要。这个需要并不必然关系到获得剩余利润的权利，或者控制管理产生利润的事业的权利，而这两者现在都被授予了股东。如果完全期望使用财产作为购买安全的工具，从投资者希望确保自己未来走上最安全的道路的角度来看，一条明显的道路是使自己的位置尽量类似于债券持有人或者抵押权人（mortgagee），后者的投资动机是获得稳定收入，而不是像投机者一样承担风险或者收获利润。财产所有权这架精致机器把 30% 的股息分给高士（Coats）集团的股东，每年把几千英镑分给矿区使用费和地租的所有者，而且允许他们把不是劳动所得的大部分收入传给后代，让后代同样可以不劳动就获得收入。绝大部分孤儿寡母既没有股票也没有地产，如果有的话，为了得到一份可靠的年金，他们也会乐意卖掉股票和地产。为了孤儿寡母的利益，有人认为必须维护这架机器的运行。即使退一步说，坚持这种观点也极为不合时宜。这好像是因为一个人说想要洗澡就把他丢进水里，或者因为老虎和猫同属猫科动物，就给碰上鼠害的人一只老虎幼仔。老虎为了自己而非主人捕食，一旦缺少猎物就会捕杀主人。拥有少量财产或几乎没有财产的阶级也许会推崇财产，因为它是安全的保障。但是那些拥有很多财产的阶级赞赏财产的理由却大不一样，他们在窃笑，因为有些人天真地以为，就算不在选举期间，他们也会关心所有和小资产阶级的积蓄一样庸俗的事物。他们赞赏财产，只是因为财产是秩序，可以把他们安顿在社区，并用公费维持一个有闲阶级。

利己主义者说："占有对象而不担责任，就接近于幸福。"无功能的财产在有些人看来是自然现象，他们相信人类组织社会应该是为了方便获得私人财富，针对私人财富的攻击是不正当的、恶毒的，因为他们对任何制度所提的问题都是"它带来什么收益"，无功能的财产给拥有者带来许多收益。然而，有些人认为只有根据功能组织社会和分配财富，社会团结和有效工作才有可能，他们不会问一个制度"它发放什么红利"，而是问"它提供什么服务"。许多财产带来收益，却不顾所有者是否提供服务或者认识到责任，这个事实在他们看来不是一种品质，而是一种罪恶。他们看到这个事实制造的社会混乱，这里有与服务不相称的报酬，那里有完全不提供服务就获得的报酬，到处都是令人不满的情形，因此非常确信他们的论点：所谓只建立在权利的基础上，就是建立在流沙上。

其他大部分社会弊病（从装腔作势的夸张之词，到曾经

77

和现在关于健全社会制度的绝对真理）产生的原因在于：不工作的人凌驾于工作的人之上；工作的人要么奉承不工作的人，要么造反；缺乏科学、思想和创造性努力，唯恐用于这方面的开支会侵占用于懒汉和游手好闲之人舒适生活的开支；社会安排中的大部分辅助活动不是为了方便有效工作的人，而是为了方便那些肆意挥霍的人。结果便是，国内最为简陋、荒凉和节俭的地方创造出最多的财富，比如克莱德河谷、兰开夏郡的棉花城或者苏格兰和威尔士的采煤村庄，而最奢华的地方消耗了最多的财富。从社会健康和经济效率的视角来看，社会应该尽量以最低价格得到其物资设备，而且应该在留出折旧和扩张费用之后，把全部产品分配给工作人员及其家属。然而，目前的情况是社会以市场（受过机构的修改）所允许的最低价格招聘工人，因征税而稍微缩减的盈余则分配给财产所有者。在特定的年份，利润也许从亏本到盈利百分之百不等。但是，工资固定在一个水平，可以保证小微企业年复一年地生产；盈余即使有时候在一定程度上得益于有效的管理，但是它既不归管理者也不归工人，而是归股东。就像当前的兰开夏郡一样，当大量的资本在一个异常活动时期转手时，这个过程的意义就会变得非常明显。现有股东收到的相当于对未来利润的资本化预期。工人因为是工人，不参与价值的巨大增量；他们未来如果要求涨工资，将得到如下答复：在交易之前被过高估算的收益，之后只给股东的投资带来了较低的回报率。

真相是，虽然早期保护财产一般就是保护工作，但是
两者的关系在过去两个世纪的经济发展过程中几乎颠倒过
来了。文明的两个构成要素是积极的行动和消极的财产，　79
也就是人类的劳动和人类使用的工具。这两个要素中，那
些提供前者的人维护和增进文明，那些拥有后者的人通常
决定其特性、发展和管理。所以，尽管人们拥有政治自由，
但是大部分人实际上生活在强行保护小部分人利益的统治
之下，那一小部分人主要关心的是所有权。由于创造性活
动从属于消极的财产，那些依靠头脑做事的工人、组织者、
发明家、教师或医生几乎和工匠一样处境窘迫。真正的经济
分化并不在通常所说的雇主与雇员之间，而是另有所指：一
边是从科学家到工人等所有从事建设性工作的人，另一边是
其主要兴趣在于保护现存所有权，而不论所有权是否有助于
建设性工作的人。

在现代条件下，大额财产全都集中在极少数人手中，所
以，如果管理世界是为了维护财产所有者的优势，那么只有
在偶然的意外情形下，管理的结果才会让劳动者满意。事实
上，这两类人之间经常发生冲突。假如变换一下方式，把作
为红利分给毫无功能的股东的财富拿出一半，就能确保每个
孩子在 18 岁之前接受良好的教育，就能再度资助英国的大
学，（由于提高生产效率很重要）就能为英国工业提供设备，　80
实现更有效率的生产。将用于保护财产的智谋拿出一半，就
能让大部分工业弊病像天花一样少见，就能使英国大部分

城市成为健康乃至美丽的地方。阻碍我们这样做的是一种信条，即不论财产所有者是否履行社会功能，财产权都是绝对的。所以，尽管保护财产不再等同于保护工作，但是得到严格执行的法律仍然是保护财产的法律，那些管理工业和主导公共事务的利益则是财产所有者的利益。一名工厂主也许会败坏一代作业人员，但是他的治安法官兄弟在对他给予警告或者处以轻微的罚金之后，就会放任他去败坏下一代人，因为他是一个拥有财产的人。一名地主也许会从幼儿死亡率为200‰的贫民区收取租金，但是他依然会在上流社会受到欢迎。因为财产没有责任，所以这样做没有错。城市土地也许受阻不能进入城郊市场，而城郊的一个房间里住三个人；当乡下人离开农村，使城郊更加拥挤时，农村土地也许会被用作休闲娱乐场所。政府当局不会干预，因为两种土地都是财产。有些人认为，否认所有道德意义的制度迟早要崩溃。对他们而言，一个社会如果混淆了保护财产和保存对财产的无功能性误用，就会岌岌可危，就像那个在凡尔赛的花园里留下纪念物，体现其乏味的轻浮和更乏味的卖弄的社会一样。

　　人们爱好和平吗？他们会在各种权利中看到社会团结最大的敌人，那些权利不涉及为了社会服务而合作的义务。人们重视平等吗？财产权使财产所有者免于从事普通人的必要劳动，使不平等成为一种制度，从物质财富的分配直到理智本身的训练，渗透到社会的每个角落。人们希望更高的工业效率吗？提高效率的最大障碍莫过于那个被披露的真相，即懒惰和勤勉拥有一样的特权，镐头和铁锤多挥舞一次，从不动手的股东就会多分一份利润。

事实上，无功能的财产是合法财产本身最大的敌人。它是寄生虫，杀死了生产它的有机体。劣币驱逐良币，过去两百年的历史证明，当用来争权夺利的财产与用来服务和使用的财产在市场上自由竞争时，如果没有诸如施加在转让和继承之上的法律制度等限制条件，后者往往会被前者吞并，因为后者缺少抵抗力量。因此，无功能的财产发展起来，同时也在暗中破坏它早期保护的产生财产的创造力。无功能的财产无法团结众人，因为团结众人靠的是那条为共同目标提供服务的纽带；无功能的财产否定那条纽带，因为它的本质是维护不考虑服务的权利。它不懂创造，只知花费，所以在19世纪，从世袭的富人中脱颖而出的科学家、发明家、艺术家和文学家屈指可数。它不重视文化和美感，只重视属于财富的权力和象征财富的炫耀。

所以，那些畏惧活力、思想和创造精神等品质的人（为数不少）不会像我们一样设法区分不同类型和种类的财产，以便保存那些合法的财产，废除不合法的财产。他们会尽力保存所有私有财产，即便是最堕落的那些类型。然而那些重视上述品质的人会设法提升它们，同时摆脱堕落的财产，以使财产回归本性。他们不会希望建立任何有远见的共产主义，因为他们会认识到，自由处置足够的个人财产是过上健康而有尊严的生活的条件，他们还会力图更加广泛地分配如

82

今成为少数人特权的财产所有权。不过，他们不会听信一种
天真的哲学，仅仅因为名称相同就认为一切财产所有权都神
圣不可侵犯。他们会明确区分何为所有者为了从事职业和养
家糊口而使用的财产，何为纯粹索取他人凭劳动创造的财富
83   的财产。他们会强调，只有在用来作为活动而非懒惰的条
件，并且涉及履行明确的个人责任的时候，财产才是道德而
健康的。总之，他们会尽力让财产立足于功能原则之上。

第六章 功能社会

功能原则在财产和工业上的应用可以与几种不同类型的社会组织兼容，也不大可能是什么惊天大揭秘，值得有些人喊着"看这儿""看那儿"。真正重要的事情是，人们应该把心思集中于目的观念，让目的观念超越所有附属问题。如果像专利权一样，工业的目的是要给良好社会生活提供物质基础，那么只要不违背某个更为重要的目标，任何使那项规定更有效的措施都是明智的，任何阻碍和拖累那个目标的制度都是愚蠢的。例如，像英国一样为了工业的利益而削弱教育就是愚蠢的，因为工业的一个用途就是提供财富，从而使更好的教育成为可能。维护不提供服务的财产权是愚蠢的，因为不用服务就给予报酬便是浪费。如果真像统计学家断言的那样，即使平分收入，人均收入仍旧不多，那就更加愚蠢了，因为船上的水手此时容不下头等舱的乘客，而更重要的是不应该滥用这点儿国家收入。私有财产所有者的仆从只知道资产负债表，根本不理会工业的目标，让他们把握工业的方向也是愚蠢的，因为这会使工业从提供服务转向获得利润，还会使从事创造性工作的人从属于不工作的人。

工业事务的明智路线，终究也是维系有序生活的其他部门的明智路线。该路线要考虑从事工业活动的目的，然后让经济组织适应目的。它要给服务付费，而且只给服务付费；在募集资本的时候，要确保资本以最低的价格募集。它要把筹办工业的责任放在劳动者和使用者的肩上，而不是所有者的肩上，因为生产是生产者的事情，监管生产者履行职责的合适人选是消费者，而不是财产所有者，生产活动是为了消费者而存在的。最重要的是，该路线要强调所有工业在成本、利润上都应该彻底公开，因为公开应当是经济贪婪和政治弊病的防腐剂，除非双方都正大光明地工作，否则谁也不会信任自己的邻居。

就财产而言，这样的政策会有两个优势。一方面，它会努力废除那些所有权与责任相分离的财产形式；另一方面，它会设法鼓励一些经济组织形式允许工人（无论是不是所有者）自由从事工作，而不用和纯粹的食利者分享工作的控制权和利润。因此，如果该政策在某些领域扩大公有制，它就会在其他领域促进私有财产的扩大。因为正在腐蚀工业原则的不是私有制，而是与工作分离的私有制。有些社会主义者认为土地或者资本私有财产必定是有害的，这不过是一种学究作风，他们的荒谬程度不亚于那些会赋予所有财产以某种不可思议的神圣性的保守派。政策要看情况而定，弄清楚财产的种类和使用目的。倘若国家拥有充分的理由保留土地征用权，就像自治领的宅地法（Homestead laws）规定的那样控制土地转让，以防创造出一群无功能的财产所有者，那么，在鼓励增加自耕农和拥有农场或商店的小业主的同时鼓励废除各行各业的私有制，两种做法并不矛盾。很不幸，现在最显著的情况是，各行各业私人业主是不管经营的股东。

实际上，第二种改革会促进第一种改革。只要社会默许无功能的财产，农业和工业中的小业主的复兴即便不是没有可能，也会困难重重，毕竟在大地产和资本主义金融控制的世界里，他很难招架得住。只要社会废除那种纯属寄生物的财产，就会帮助小额财产所有者在那些适合小型所有权的产业中恢复地位。指向第一种改革的社会主义政策与"分配型国家"并不对立，在现代经济条件下，它是进入"分配型国家"的必要准备；如果"财产"一词的意思是社会九成人口的个人财物，那么社会主义者的目标就不是破坏财产，而是保护和增加财产。生产规模大小之间的边界总是不确定的和变动的，实际上取决于不可预知的技术条件，例如电力降价也许会导致生产分散，就像蒸汽动力导致生产集中一样。然而，根本问题并不出在不同规模的所有权之间，而是出在不同种类的所有权之间；不出在农民或业主的大户与小户之间，而是出在劳动所得和不劳而获的财产之间。爱尔兰地主的倒台，不是因为他拥有大规模的土地，而只是因为他是所有者。如果英国的土地所有制同样遭到削弱（这在城镇里已经发生），之后应该会面临相同的命运。一旦解决了所有制的性质问题，经济单位的规模问题就可以留给单位自己解决。

到时候，为了组织有利于履行功能的经济生活，第一步就是要废除各类不用履行功能便获得回报的私有财产。一个人以不用工作的所有权为生，必定依赖他人的辛勤劳动，所以，他的奢侈享受不会受到提倡。尽管他应该受到宽恕（即那些长大之后从事其他名声不好的行业的人应该得到而通常得不到的宽恕），但是宽恕个人绝不等于宽恕那个使他和邻居都深受其害的制度。根据这个标准判断，某些种类的财产明显是反社会的。所有者凭借对地面的权利，有权对矿工挖出的每吨煤炭抽税，俗称使用费；他有权对从他的土地下面运送却不大影响土地的设施和价值的每吨煤炭抽取另一种税，俗称通行费；如果他愿意，他有权只允许依照自己的条款来使用矿产，从而扭曲整个地区的发展；他有权造成35亿到40亿吨煤炭浪费在不同开采权的屏障之间。与此同时，他又带着他人一起悲叹邪恶的矿工不给公众多生产几吨煤炭，顺带多给自己制造私人税收——这一切给我们的工业文明的单调特性添加了一点幽默，也许矿产所有者应该得到一些重视，不过那种重视不是每年付给四大主角每人10万英镑有余，也不是每年分给那群人600万英镑。

一个从未见过煤矿矿井的绅士把黑暗矿井里的东西提炼成伦敦雅舍和国内某地的别墅，所凭借的魔力不是使用费所有者

的垄断。城市地租的所有者也上演着手法类似的戏法。在乡 89
村，有些地主（或许很多地主）亲身参与靠天吃饭的辛苦农活，
尽管他们可能经常在社会上过度使用权力，但是他们拥有的地
位和得到的收入至少在某种程度上是履行功能带来的回报。城
市土地所有权久经提炼，直到这块原矿石只留下纯金。城市土
地所有者的身份完全是闲职，因为它的唯一功能就是获利，而
且在反对闲职的自由主义斗争仍然足以拨动记忆之弦的时代，
最后也是最伟大的自由主义思想家早就做出了这个明显的推
论。"只要土地的所有者是改善土地的人，"密尔在 1848 年写
道，"构成土地财产合理性的理由就是成立的……在所有可靠
的私有财产理论中，没有一个曾经认为土地所有者应该只是挂
靠在土地上的闲职人员。"事实上，正如首相劳合·乔治在他
的无悔岁月中所说，城市地租和使用费是一种税收，是法律允
许有些人对别人的辛勤劳动征税。它们与公共税收的唯一区别
是，它们的数量并不随着国家对财政收入的需求而增加，而是
随着国家对被征税的煤炭和空地的需求而增加；它们的增长有
利于增加私人收入，而不是公共利益。如果那些收入浪费在无
用的支出上，谁也没有权利投诉，因为史密斯勋爵即便把布朗
先生创造的财富花在对两人都没有用的目标上，这个安排也是
现行秩序的一部分，而以私有财产的名义，布朗先生和史密斯 90
勋爵都学会了把现行秩序当成保障人类更高福利的必要条件。
　　但是如果我们接受功能原则，我们就要问这个安排有什
么目的。例如，伦敦居民每年付给房产地主 1600 万英镑有

什么目的。如果我们发现这样做根本没有目的，这些东西就像伦敦城因为圣克莱门特丹麦人教区的土地而呈送给王室的马掌和钉子，那么我们就不应该严厉处理一个稀奇的历史遗物，更不应该允许它使我们从现在的事情上分心，仿佛历史到此为止，不会再有进展。我们应该关闭造成财富流失的通道，像英国自治领和欧洲大陆的一些共同体一样恢复对矿产和城市土地的所有权。我们应该保证剩余的大量积累在每一代人中至少转手一次，为此不断增加我们的遗产税，直至传给继承人的仅仅是个人财物，而不是从产业中征收贡物的权利——根据遗产税规定，富人的儿子如今继承的正是这个权利。总之，我们应该像柏拉图对待诗人一样对待矿产所有者和土地所有者，既然他们能够像诗人一样无中生有，用语言蛊惑众人，那就给他们戴上花环，客气地送他们离开国家。

第七章　工业职业化

　　无功能的权利就像荷马诗中的鬼魂，不但喝血，还用人的声音散播恐惧。消灭使用费和城市土地租金只不过是破除迷信。它需要的决心和用手穿过他人魂魄的决心一样少，也一样多。在所有工业中，除了若干资本家本人就是管理者的衰落工业，资本中的财产几乎都是消极的。几乎如此，但不是全部。因为虽然大多数所有者自己并不履行什么积极的职能，他们任命的人却可以。当然，如何获取资本的问题事实上与如何管理资本的问题截然不同，前者可以在不侵害后者的情况下得到解决。由于股东拥有对工业来说不可缺少的资本，因此可以推断，工业依赖于股东掌握的资本得以维持。按照有些经济学家的说法，如果资本中的私有财产遭到进一步稀释或完全废除，管理者的建设性活力似乎必然会受到损害，这些管理者可能拥有资本，也可能没有，不过在更重要的工业部门几乎不可能拥有太多。这是一个粗暴的不当结论，它忽视了关于当代工业最明显的事实。关于一个有效的工业组织对消费者的必要性，那种纯粹的资本家谈得越少越好。因为不管工业未来会是什么样，一个有效的组织可能都没有他的容身之地。但是，股东尽管统而不治，至少在某种程度上一年说一次"批准"①。如果他们的权利被削弱或剥夺，我们依然需要某个机构来使用这些权利。资本所有者身份的问题与工业组织的问题有很多共性，管理工业的章程问题也与前两个问题有共性。

　　这个章程的制定必须考虑如何组织工业才能最完美地体现目的原则。将目的原则应用于工业很简单，但是要使其对工业产生效果却非常困难，所以要把工业变成"职业"（Profession）。对职业最简单的定义就是为了履行职能组织起来的行当，它的组织化无疑是不完全的，但却是由衷的。它不是个体的简单集合，不是各人为了谋生做着同一类工作。它也不仅仅是一群人组织起来专门为成员提供经济保护，尽管这通常也是它的目标之一。职业是一群人根据特定规则参与工作，这些规则有一定的标准，既是为了更好地保护成员，也是为了更好地提供公共服务。它维持的标准有高有低：所有职业都既有一些规则保护共同体的利益，也有一些规则是强加给共同体的。它的本质是为成员的技能或商品的质量承担特定责任。它有意禁止某些行为，理由是那些行

93

_____

　　① 批准（*le roy le velt*）即来自国王的批准，而女王的批准则是"*La Reyne le veult*"，这是英国议会立法的一道程序。英国君主是"统而不治"，股东在公司也是"统而不治"。

为可能对个体有利，但很可能会损害个体所属组织的名誉。它的一些规则是工会条例，主要目的是防止不正当竞争降低该职业的经济收益。它的另一些规则的主要目标是确保职业成员在工作中只有纯粹的职业利益，排除投机利益的引诱。

　　因此，"不职业行为"（unprofessional conduct）这个短语所暗含的概念与一种理论和实践完全相反——这种理论和实践假设公共服务要得到最大程度的保证，就需要依靠竞争中的贸易各方在法律许可的范围内，不受限制地追求金钱上的自我利益。值得指出的是，当职业阶级将自由竞争定义为商业和工业的仲裁者，他们并没有梦想将自由竞争应用到自己非常关心的活动上，而是在维持（实际上也是阐释）让职业良知得以表达的复杂机制。规则本身在外行人看来可能有时是专断和欠思考的，但是它们的目标很清楚，就是将维持公共服务质量的义务施加于职业本身，防止其公共目标受到个体基于需求和贪婪的获利动机带来的不良影响的侵害。

94

　　今天，工业和职业的不同显而易见，非常清晰。前者的本质是，它的唯一标准是它给股东提供的经济回报；后者的本质是，人们尽管是为了谋生才进入职业，但衡量成功的尺度是他们提供的服务，而不是他们积累的收益。他们可能变得富有（比如成功的医生），但是无论对于他们本人还是公众，其职业的意义都不在于挣钱，而是让人们获得健康、安全、知识、好的政府或好的法律。他们依靠职业获得收入，但是不认为一切增加他们收入的行为都是好的。一个靴子制造商如果带着 50 万的资产退休就算获得了成功，不管他的靴子是用皮革做的还是牛皮纸做的，但是一个公务员如果获得这么高的报酬，就会被追究责任。

因此，如果他们是医生，他们就承认不能做出某类行为，不管这些行为能带来多么丰厚的报酬，因为这些行为是不职业的。如果他们是学者和老师，像专利药品制造商那样不顾公众抗议、依靠刻意欺骗公众挣钱就是错误的。如果他们是法官或公职人员，他们就绝对不能通过出卖正义来增加收入。如果他们是军人，那么服役对他们来说就是第一位的，他们的私人爱好，甚至贪生怕死的人之常情，也要排到第二位去。每个国家都有叛国者，每支军队都有逃兵，每个职业都有叛徒。将职业精神理想化是荒谬可笑的，它有肮脏的一面，如果要在工业中培养职业精神，就需要有保护措施以免过犹不及。但是，维持一个偶尔废弃的标准，与坚信没有标准并将其作为核心真理，这两种行为还是有区别的。一个职业的意义是让叛徒成为例外，而在工业中，背叛是常态。使叛徒成为例外的方法就是，支持将该职业贯彻的目标（不管这个目标是什么）作为成功的标准，并使个体的偏好、欲望和野心从属于组织的规则，而组织的目标就是促进个体履行职能。

职业和工业之间并没有明确的界限。教师这个职业今天大体上是一项光荣的公共服务，而在一百年前，它还是

一项针对公众的盲从心理的投机买卖。如果说斯奎尔斯
（Squeers）先生 ① 是一种夸张描写，那么吉本和亚当·斯密
的牛津则是实实在在的现实。那时，地方政府完成不了一个
现代市政机构每天承担的职责的十分之一，因为没有公职
人员去执行任务，而且还有人收受贿赂。我们至少可以想象
得到，一些医学分支机构可能已经走上了工业资本主义的道
路，医院成了工厂，医生靠自己的"双手"受雇，拿着竞争
性的工资。医院面向富人市场，获得大量利润分配给股东，
而穷人因为不能提供市场利润，只能享受低劣的服务，或者
干脆得不到服务。

　　有人认为，在制造军火和用掉它们之间、在建学校和建
好后用于教学之间、在提供食品和提供健康之间，存在某种
神秘的差异；这种差异造成的结果是不可避免的和值得称赞
的，也就是前者应该仅以获取金钱为目标行事，后者则要靠
职业人士执行。职业人士通过提供服务获得报酬，但是从来
不指望额外收益，也不会仅仅因为救了更多的病人、教了更
多的孩子或者抵挡了更多的敌人而增加收费。这种观点的震
撼程度仅次于工业领袖应该将辱骂当作荣誉，用耻辱自我标
榜。制作靴子和建造房子并不比治愈病人或教导无知者更低
下，它们同样必要，因而也是光荣的。它们至少同样受到以
维持职业服务标准为目标的规则的约束，至少同样没有简单

96

---

　　① 　狄更斯小说《尼古拉斯·尼克尔贝》（*Nicholas Nickleby*）中的人物，身
份是约克郡的校长，表里不一，以发财为目的招收学生。

粗暴地让道德标准从属于经济利益。

　　如果想要组织职业化的工业，有两个变化是必不可少的，这两个变化一个是消极的，一个是积极的。第一个变化是，工业不再由财产所有者的代理人依照财产所有者的利益进行管理，相反应该以公共服务为目标进行运作。第二个变化是，工业要受到公众的严格监督，维持服务的职责应由组织者、科学家乃至劳工等实际从事工作的人承担。

　　第一个变化是必要的，因为只要最终的管理权落到那些只是为了追求利润才涉足和关心工业的人手中，工业管理就不可能为公共利益服务。按照当前的工业组织方法，工业的利润和管理按照法律归属于工业中与它的成功关系最小的部分。在农业之外的所有比较重要的行业中，股份制组织已经变得普遍起来。在这种组织中，财产所有者的代理人负责管理，领取薪资。如果带给股东大额回报，它就是成功的，没有做到这一点，它就是失败的。如果有个增加股息的机会摆在面前，工业管理者如果抓住这个机会，就会在职责范围内严格行事，即使这么做会使服务恶化或让劳动者丢脸，因为他们是雇主的仆人，对雇主的义务是提供股息而不是提供服务。但是财产所有者仅仅作为财产所有者是毫无功能的，这里的意思当然不是指他们所占有的工具是无用的，而是指：既然工作和所有权逐渐分离开来，工具的有效使用就不再依赖于对控制工具的所有权的维持了。当然，还有很多管理者既占有资本又管理业务。但是在大多数情况下，大部分工业中的股东往往只是股东，此外再无其他身份。

　　股东的经济利益像人们有时认为的那样，与普通公众的利益并不相同。在一个富有的社会，包括资本在内的物质财物是廉价的，而人是昂贵的；"财富"一词实际上没有其他含义。那些拥有工业中所使用的财产的人，真正关心的是：他们的资本应该是昂贵的，人应该是廉价的。不过，这不是经理人感兴趣的点，因为他们是负责管理工业的仆人，而且是工资很低的仆人。因此，如果工业产生了大量回报；如果工业中的某个团体由于某种特殊优势，使生产成本比同行更低廉，却以同样的价格销售；如果一个竞争对手提高价格；如果供应被一个联合体控制（这种联合在当前很多更重要的工业中是常态），这些情况带来的盈余通常既不会传递给管理者和其他雇员，也不会传递给公众，而是传递给股东。这种安排是荒谬的，它的制定完完全全放弃了对公平和常识的考量，此外还引起了所谓的"劳动和资本的斗争"。这个短语是贴切的，因为它与它打算描述的关系一样荒谬。谴责"劳动和资本"之间的"敌意"，或者宣扬它们之间的"和谐"，就好比哀悼木匠和斧头之间的怨恨，或者为了恢复人和靴子的友好关系去促成一项使命，同样也是不理性的。这些陈词滥调（*clichés*）的唯一意义在于，重复往往会遮蔽它们的愚蠢，甚至要劝说一个有判断力的人相信资本"雇用"了劳动，就像我们的异教徒祖先总是想象会有什么木和铁（他们那个时候崇拜的对象）送给他们粮食，帮他们赢得战

99

争。当人们已经离题太远，说起话来仿佛他们的偶像活过来了一样，这个时候就要有人来敲打他们了。劳动由人构成，资本由物构成。物的唯一用处就是为人提供服务。人的任务是看着物在那儿使用，最多在使用过程中付出一些代价。

因此，功能原则在工业中的应用涉及所有权的改变，因为就目前来看，这些权利无助于工业目标的实现。赋予所有行动以统一性，调和工业中不同群体间相冲突的诉求，这是施行功能原则的目的。倘若人们没有共同目标，就不要对他们发生争吵感到奇怪，自然也不可能依靠重新分配供应物来缓和争吵。如果他们不满足于都充当仆人，那么有一方必须是主人，主人身份肯定不可以在双方悬而未决的状态下发挥作用。不同级别的劳动者之间或者劳动者与消费者之间可以进行功能划分，彼此可以在自己的领域拥有承担功能所需的职权。但是，劳动者和所有者（除了所有者身份之外再无其他）之间不可能有功能区分。因为如果进行划分，这种所有者执行什么功能？提供资本？如果是提供资本，那么就付给他使用他的资本所必需的报酬，但是不要支付更多，也不让他扮演控制生产的角色，因为仅仅作为所有者他没有这个资格。有鉴于此，尽管劳动者和管理者之间的平衡是可能的，因为双方都是劳动者，但是要在劳动者和所有者之间建立平衡却是不可能的。这就好比德国人在布鲁塞尔提议与比利时谈判。他们的提议或许很高明，但是这完全说明不了他们为何在他们所处的位置，或者说，既然他们对生产不做贡献，又如何来提建议。只要他们处于与他们没有关系的领域，他们作为个体的聪明才智，就要在他们所处的体系中受到令人气恼的忽视。

其实，没有发生更糟糕的事就已属幸运了。我们看到，解决工业中的权利冲突的一种方法是，将权利建立在武力的基础上，而不是如我们所想的那样建立在功能的基础上。这就是通过强制劳动，以某种隐蔽而得体的形式重建奴隶制。几乎在所有国家，人们共同拒绝工作都曾被视为犯罪。在当今世界的一些地方，欧洲资本家不受公众意见和独立于他们的权威的限制，可以自由地根据喜好压迫无知识的工人和无助的族群。在美国一些地区，资本主义仍然处于无法无天的原始阶段，同样的结果也通过暴力威胁施加给了移民工人。

在这种情况下，权利冲突没有上升为工业战争，因为其中一方的权利已经被消灭了。这种简单的治疗措施非常吸引人，无怪乎各个工业国家的政府一次又一次地用强制仲裁政策来搔首弄姿。有人辩称，强制仲裁毕竟只是类似于超国家权威的行动，应该运用这种权威的共同力量阻止战争的爆发。可在现实中，强制仲裁是这种权威怀着正义或成功的希望所寻求的政策的反面。因为它将现有关系的稳定视为理所当然，并根据以下假设出手调节偶然的争端：现有关系的公平是得到认可的，现有关系的持续存在是众望所归。然而在工业中，现有关系的公平恰恰是争论的焦点。国际联盟在调节受奴役种族与其压迫者、斯拉夫人与匈牙利人或者曾隶属于普鲁士的波兰居民与普鲁士政府的关系时，基于这样的假设：斯拉夫人从属于匈牙利人、波兰人从属于普鲁士人是不可更改的秩序。凡是认为自由比和平更珍贵的人，必然会抵制国际联盟。国家若以和平的名义，将双方商定的停止工作行为定为合法的过失，就等同于犯下背叛自由的罪行。它会借助剥夺劳动者的权利来解决所有者和劳动者之间的权利冲突。

如果我们不准备恢复某种形式的强制劳动，就会再次陷入僵局。然而僵局只在一种情况下才出现，即我们认为工业资本的所有权是绝对的，拥有这所有权本身就是目标。如果我们不假设所有财产仅仅因为它是财产就同样神圣，而是追问利用资本的目的是什么，资本的功能是什么，我们就会意识到，资本不是目标，而是实现目标的手段，它的功能就是（像经济学家告诉我们的那样）为人的劳动提供服务和帮助，而不是为那些偶然占有它的人服务。我们可以从这一真相中推导出两个结果：第一，既然资本应该被用来帮助工业，正如一个人可以用自行车更快地抵达工作地点，人们在利用资本的时候也应该尽可能采用最廉价的方式；第二，拥有资本的人不应该控制生产，要懂得让全家人控制厨房里烹饪的食物，让船员控制桨手划船的速度。换句话说，资本应该总是以成本价获得，也就是说，为了使资本获得收益，资本家应获得资本的最低利率作为所得，但是无权享有剩余收益，也无权控制工业，除非国家发现承认用在特定工业中的资本很可能是明智之举。

理论上，有五种方法可以终止私人财产所有者的代理人对工业的控制：无偿剥夺他们的控制权；让他们自愿上交控制权；全体工作人员将他们排挤出去，工人自身承担起此项职能，像他们所起的作用一样（如果有的话），在没有代理人帮助的情况下管理生产，使他们不再必要；将他们的所有权限制或削弱到一定程度，使他们成为纯粹的食利者，保障他们拥有类似于债券持有者那样的固定收入，但不能获得工业组织的利润，也不对其负责；赎买他们的权利。第一种方法的典型例证就是历史上的充公，例如英格兰、苏格兰和大多数新教政权的统治阶级对教会财产的没收。第二种极少试行，可能最相近的例子就是 1789 年 8 月 4 日那场著名的放弃特权事件 [①]。第三种方法多用于大不列颠如今正在形成的建筑同业公会。第四种处理资本家的方法由合作运动实践。福斯特（Foster）先生主持的建筑行业雇主与工人委员会也提出过这种方法，他们提议雇主应该拿固定工资，根据自己的资本获得固定的利息，但是所有的剩余资本应由一个代表雇主和工人的核心组织进行汇总和管理。第五种方法已经被各种类型的自治市反复实践，偶尔也为一些国家的政府所采用。

采用何种方法使财产所有者脱离工业管理，要具体情况

---

① 指 1789 年 8 月 4 日，包括多名贵族议员在内的法国国民议会投票废除封建特权。

具体对待。因此，有时被抬高为消灭所有权唯一方式的"国
有化"，仅是一种值得考虑的方式而已。当然，用它可以产
生预期的结果。但是，至少在有些工业领域，国有化并不是
达到这个结果所必不可少的。国有化充其量是一个笨拙的方
法，如果其他方法可行，就应该用其他方法。国有化是达到
目标的一种手段，而不是目标本身。经过合理构想，它的目
标并不是要国家来管理工业，而是要在私人所有者不再发挥
任何积极功用的时候消灭私有制这个不散的阴魂。所以，废
除碍事的财产权尽管是绝对必要的，却不应该以一个单一公
式表示，这个公式也许能有效地应用于某些行业中的某些特
殊情况，但是没有必要在任何条件下运用到任何领域。所有
权不是一种权利，而是一系列权利，它们既有可能被逐一剥
离，也有可能被一笔勾销。我们已经讲过，资本所有权涉及
三项主要权利：依靠资本价值获得利息的权利、获得利润的
105　权利、通过股东的仆人（经理人和工人）控制企业的权利。
这些权利根本不是所有权的固定伴随物，两者也并不必然共
存。足智多谋的金融家很早就设计了各种方法将股份分级，
一些股份享有充分的控制权，另一些则没有；有些要承担全
部风险，但是有权获得全部利润，而另一些只承担部分风
险，相应地也只能获得部分利润。所有这些股份都是财产，
但并非所有财产都有同等程度的所有权。

　　只要工业资本的私人所有权仍然存在，改革者就应该坚
持支付给所有者事先确定好的不超过一定比率的利息，并且

不附带控制权，以此削弱其影响。在这种情况下，普通股东的地位近似于公司债券持有者；工业中的财产会变成工业利润的质押物，与此同时，对资产管理和超出最低限度的利润的控制权将会保留在其他地方。当然，风险也会如此。风险包括两类：个人业务风险和行业风险。前者比后者更大，因为尽管投资煤矿是投机性投资，但煤矿开采不是，只要把每项业务作为独立单元进行管理，支付给股东的款项就必须覆盖两个方面的风险。如果每个行业的资本所有权都是统一的（并不意味着集中化），个人竞争偶然面临的风险就会被消除，每个单元的信用就是整个行业的信用。

106

这种所有权特征的变化会有三个益处：废除依靠财产的工业管理体制；通过将股东转变成获取固定利息的债权人，终止向无职能股东支付利润；将工业转变成职业，让各级工人都有可能为了公共利益而非资本所有者的利益参与其中，从而为工业和平奠定唯一可能的基础。当然，它产生的组织或许会被描述为不切实际。有意思的是，我们发现，经验使务实的人认为这一改变是解决国家的重要行业即建筑业的失序问题的方法。雇主和工人委员会去年8月发布的一份关于建筑业的报告称，他们面临的任务是"科学管理和降低成本"。[①] 这些话没有暗示存在一场经济革命，但是报告签署人提出了一个并不那么革命的革命。因为只要他们开始着手解

---

① 转载于 *The Industrial Council for the Building Industry*。——原书注

决这个问题，他们就会发现，不对作为基础的工业关系的整体结构进行重构，就不可能有效处理这个问题。为什么工业提供的服务是无效率的？部分原因在于工人在生产中没有全力投入本职工作。他们为何不投入全力？因为"担心失业，对无休止地为私人雇主赚取利润提不起兴致，因没有参与管理而缺乏实际操作的兴趣，管理和实际操作都没有效率"。如何消解这些阻碍效率的心理障碍？通过增加监管并提高速度？利用额外津贴制度来激励？还是利用一些设施，让过于聪明而没有想象力或道德感的人可以威逼利诱可怜的人性去做它渴望做的事（只要他们发明的体系让它做！）？或者仅仅依靠责任和诚信工作？全都不是。即便将建造房屋变成现在的教学内容，斯奎尔斯先生也绝不会认为这是一份光荣的职业。

　　"我们认为，"委员们写道，"我们工业委员会最重要的任务是开发一套全新的工业管理体系，这套体系由工业成员（实际生产者，既包括体力劳动者，也包括脑力劳动者）自己控制。工业委员会还要带领他们与政府合作，成为共同体的核心代表。委员会组织起来就是为了服务共同体。"雇主得到的不再是无限的利润，"作为追求效率的不可或缺的动机"，而是他作为管理者提供服务获得的薪资和从自己的资本中获得的固定且有保障的利息（除非他因为缺乏效率而没能挣到这些利息）；任何超过上述数额的部分——实际上也就是在其他行业中会作为股息分给股东的"利润"，他要交

给一个中央基金，由雇主和工人共同管理，从而为整个行业 108
带来好处。每个公司的财务状况过去对公众而言都是神秘
的，结果有时候它本身就成了一个谜。现在取而代之的是一
套公开的成本核算和审计系统，在此基础之上，工业要为这
些管理良好的公司承担集体责任。工人在萧条时期不再被企
业抛弃，艰难求生，而是得到一笔资金保障，这笔资金向雇
主收取，由工会管理。成本与利润公开、公开交易与诚实劳
动，还有互帮互助，这些将取代竞争，而竞争在 19 世纪被
当成它们的有效替代品。"资本"不"雇用劳动"。劳动（包
括管理性劳动）去运用资本，并且是以工业中的最低利率运
用资本。倘若运用成功，产生了盈余，资本会因为自己的服
务得到公平的回报。这个盈余不会在股东间分配，因为在他
们得到利息的时候，就已经得到了他们应得的部分。盈余会
用于提高工业设备，以便在未来提供更有效的服务。

　　因此，英国有一大群实干家，他们不关心社会主义理
论，却提议建立"建筑业中的公共服务组织"，简而言之，
就是建议要把他们的工业变成职业。我们会看到，他们实现
转变的方式有：组织功能化；全部所有权变成以整个工业做 109
担保的抵押贷款（只要公司有效运转）；生产控制权从资本
所有者转移到生产参与者手中。我们认为，如果工业组织起
来是为了提供服务，而不是让掌握所有权的人获取金钱利
益，这种转变是必不可少的。他们的报告最重要的作用是提
供了一种削弱重要行业中的资本私有制的方针。重要行业中

的私有制可能会以这样那样的形式长期存在，然而只要有人愿意弄清楚其他行业如何应用报告的原则，他就会提供有价值的服务。

当然，这不是唯一的方案，在高度资本化的行业中，这也不是最可行的变革方案。既然在所有权与管理权分离的有限公司兴起之前，抵制由财产控制生产的运动就已出现，就像建筑业的雇主和工人提出的那样，通过限制而不废除私人所有权，应该也能实现工业组织的职业化转型。但是事实并非如此，因此建筑业的提议并不具有普遍适用性。在建筑业及类似的行业中，在改变行业特征的同时维持私人所有权是可能的，这恰恰是因为在建筑业中，雇主往往并不只是所有者，还充当着其他角色。他是管理者，也就是说，他是劳动者。因为他是劳动者，他虽有资本利益，但是他作为劳动者的职业精神通常要比他的资本利益和作为所有者纯粹的经济想法重要，所以他能在作为所有者的权利被削减和限制后，成为工业生产组织的一部分。

但是，这种双重地位是罕见的，在高度组织化的行业中更是一年比一年罕见。在煤炭、棉花、造船等众多工程分支领域，资本所有者并不像在建筑业中那样是组织者或管理者。他与工业的联系以及他对工业的兴趣纯粹是经济性的。他只是所有者，此外再无其他。他的兴趣仅仅是经济性的，所以他关心的是股息，生产只是得到股息的手段，他不可能被安排到一个由各级生产者代表或生产者与消费者共同组成的团体管理的工业组织中工作，因为他和他们没有共同目标。因此，尽管工人和管理者的联合委员会可以取得成功，工人和所有者或所有者的代理人组成的联合委员会却不会成功，就像大部分所谓的惠特利委员会①一样，因为纯粹所有者存在的必要性本身就是争端之一。如果拥有资本的建筑工程队长像建筑业委员会建议的那样交出一些所有权，他就可以被吸纳进联合委员会，但不是以资本家的身份，而是以建造者的身份。但是，如果煤矿或造船厂的股东放弃了他现在以资本家身份享有的控制权和无限利润，他就放弃了他之所以成为他的一切，在行业中再无立足之地。他不可能像建筑工程队长一样参与管理，因为他不具备这么做的资格。他的目的是获利，如果工业像建筑业的雇主和工人所提议的那样成为"公共服务组织"，那么他与以获利为目的的股东的从属关系显然正是必须要消除的。建筑工程队长能提出放弃这种从属关系，是因为他们凭借自己作为劳动者的职责在工业中占有一席之地。但是，如果股东放弃了这种关系，他就没有立足之地了。

因此，在煤矿开采业中，所有者身份和管理者身份是完全分开的，所有者不会承认管理层和矿工分享煤矿管理权的制度有任何存在的可能性。"我受权代表矿业协会发言，"代表矿主的首席证人盖恩福德勋爵告诉煤炭工业委员会，"如

111

---

① 惠特利委员会（Whitley Councils）是咨询性质的议事机构，任务是处理劳资双方关系，因约翰·惠特利（John Whitley）在1917年的提议而得名。

果矿主不能拥有完全的管理控制权,他们就不会承担任何让
工业继续运转的责任。"①因此,矿主在一次判决中撕掉了之
112 前所有花言巧语的伪装,这些伪装曾主张,尽管私有制仍然
未变,工业和谐还是可以通过联合管理的神奇方案实现。矿
主的做法是对的。在采矿业和其他工业中,工人和股东的代
表能够面对面协商和讨论。但是用一个代表股东和工人的团
队联合管理股东的财产是不可能的事,因为他们之间没有共
同目标。只有一个目标可以将所有人团结在一起参与工业,
并且驳回他们特殊的、有分歧的利益,这个目标就是提供服
务。然而股东的目标、工业在股东眼中的全部意义和专长
(*métier*),不是提供服务,而是提供红利。

因此,在管理权与所有权分离的行业中,像如今大多数
高度组织化的行业一样,在保留现有制度与完全排除资本家
对生产的控制之间,并不存在一个明显的折中方案。为了让
煤炭、纺织和造船成为服务公众的职业,所有制特征的改变
是必要的,这种改变不可能轻易从内部发生。为了将它们从
财产所有者的控制中解放出来,必须有来自外部的冲击。理
论上讲,冲击可以来自有组织的工人的行动,他们会通过尽
量长时间地拒绝工作这种方式,来取消剩余价值和控制权。
113 历史上与之类似的情景就是过去的农民摧毁剥夺性财产,方

① Coal Industry Commission, *Minutes of Evidence*, Vol. I, I 2506.——原书注

式是拒绝支付捐税，拒绝承认其统治；在这种情况下，国会就会干预，结果是采纳农民的意见，承认既成事实。然而，考虑到现代工业的实际环境，抛开其他缺点不谈，这个方法也不太可能实行，即便实行了，也不太可能成功，结果就是无人问津。另一种选择是，通过立法实现财产特征的改变，工业中的各种所有权被依法同时买断。

在两种情况下，虽然过程不同，但是一旦整个过程完成，改变的结果都是相同的。资本私有制（获取利润和控制的权利）被废除了。保留下来的最多是给之前的所有者的抵押单，犹如一片枯叶，虽然工业的汁液不再为它提供营养，但是只要摘掉它并没有什么价值，就保留着。既然维持并补给现代工业所需要的资本不可能由任何一个工人团体提供，即便我们还有理由认为他们应该完全占据现在的所有者的位置，构成所有者身份的权利复合体也仍会一直由资本所有者和任何可以代表整个组织行事的机构共享。例如，前者可能是现任所有者的继承人（就对行业的日常工作和管理的控制来说），后者可以继承前者处置剩余利润的权利。实际上，我们已经弄清楚了构成财产权的要素。事实上，如今在所有权的共有名目下，几种不同的权力都掌握在同一类人手中，我们不能允许这一事实掩盖这种可能性：一旦资本私有制被废除，这些权力的具体再分配和整体转移可能就会很方便。

114

我们说过，职业的本质是，它的成员为了履行职能而自我组织起来。因此，假如工业要职业化，关键之处在于：不要认为废除无功能的财产权意味着公有制下的工业全体人员仍存在着责任缺失的现象，责任缺失是通过工资制度发挥作用的私有制的正常附属物。现在强调这一点更为重要，因为这种含义过去已被一些人表达出来，他们拿出了上文讨论的这类所有权特征变化的实例。通过公众和外部力量去实现财产的转型，人们向来称之为国有化。但是，国有化这个词语既不太恰当，也不那么明确。它的准确意思仅仅是一个代表国家的团体掌握所有权。但是，它在实际使用中被等同于一种特殊的管理手段，在这种管理手段下，政府雇用的官员会顶替目前的行业经理，行使能够掌控的一切权力。于是，那些希望维持这种为股东利益服务、不提供公共服务的工业制度的人，就会攻击国有化。他们的理由是，政府管理必然是低效率的，他们邮寄一封信都要战战兢兢。那些希望改变的人则回应称，政府服务是有效率的，而且不管什么时候用电话都赞美上帝。似乎不论是私人管理还是公共管理，都有一些怪癖和改变不了的特征，管理的好坏不像军队、铁路公司或学校等其他类似的公共和私人事业那样取决于管理的质量，也不取决于负责人是私人管理者还是政府官员，而取决于他们是否受过适当的工作训练，能否获得下属的善意和信任。

双方的观点都有独到之处，但事实上几乎都没有切中要害。国有化的优劣并不取决于作为工业管理者的现有政府部门是否有效率。国有化意味着公共所有权，它与几种不同的管理类型是兼容的。工业结构可以是"单一制"，就像邮局一样。它也可以是"联邦制"，就像大法官桑基①先生为煤炭工业设计的那样。管理机构可以是集权的，也可以是分权的。受委托负责管理的官方机构可以由消费者代表组成，也可以由职业协会代表组成，或者由政府官员组成，或者由三方代表共同组成。行政工作可以交给现有政府部门所训练、招募或提拔的公务员负责，或另设一个有自己的程序和标准的新服务机构。它可以受财政部控制，也可以经济自主。实际上，这是一个常见却棘手的秩序问题，是体制建构所面临的一个问题。

异议者普遍认为，出于某种不明确的原因，国有化工业的组织和管理与邮局类似。有人可能合理地认为，私有企业的典范必定是钢铁企业或帝国烟草公司。在一个基础工业实现国有化的社会中，管理制度实际上与私有制社会中的管理制度一样多元。如果不确定参照对象的具体类别，就来讨论各自的相对优势，就跟用亚里士多德的政体分类处理现代政治问题一样没有什么帮助。各国新闻界对工业问题的讨论充斥着"企业""主动性""官僚主义""繁文缛节""民主控制""国家管理"等概念，这些高度抽象的辩证法真的属于

---

① 约翰·桑基（John Sankey, 1886—1948），1919 年英国议会授权由桑基领导一个委员会，即桑基委员会（Sankey Commission），调查采矿业的状况。托尼和下文提及的达克汉姆爵士都是委员会成员。该委员会提交的报告涉及国有化。

经济思想的黑暗年代。这或许在告诉我们，不管他个人的结论是什么，研究者的首要任务是尽可能恢复理智，坚持尽可能实事求是地陈述，而不是用高度通胀和迅速贬值的口头货币来做无谓的辩论。很多不确定的东西就应该被当成不确定的，而"可选择的建议"的准确含义应该严格定义。大法官桑基先生的报告最突出的一个优点就是，他在详细阐述他为煤炭业推荐的组织类型时，赋予整个讨论一种新的准确性和真实性。不管他的结论是否被接受，从他这些经过明确定义的建议出发，未来关于这些问题的讨论肯定还会继续。讨论或许没有找到解决方案，但至少会创造一种氛围，只有在这种氛围中，我们才能找到合理的解决方案。

所以说，国有化不是目的，而是达到目的的手段，而所有制问题解决后，剩下的就是管理问题了。在那些没有政府干预、私营业主权利难以改变的工业中，国有化作为一种手段可能是必不可少的。比如要建立小农户经营体制，而土地所有者不愿放弃他们的财产，郡政府出面购买土地就成了必要的步骤。但是，购买土地的目的是建立小农户经营，而不是建立政府官员管理的农场。同样，对采矿业、铁路或钢铁制造业进行国有化，不是为了建立任何特殊形式的国家管理，而是将那些从事建设性工作的人，从那些以经济利益为唯一兴趣的人的控制下解放出来，这样他们才能自由地发挥能力，去实现真正的工业目标——提供服务，而不是提供红利。所有权让渡完成后，我们可能会发现，工业管理的必备条件不仅涉及生产者的自由生产，还涉及一种机制的创造。通过这种机制，作为生产服务对象的消费者可以表达他的意愿，评价意愿得到满足的方式，在当前情况下，消费者通常是不可能做到这一点的。但是，这属于为使工业履行服务职能而进行重组的过程的第二步，而非第一步。第一步是将工业从对财产所有者的金钱利益的服从中解放出来，因为利益是扰乱一切指南针的磁极，将工业逐步引向错误的方向，不管工业发展得多么迅速。

　　像这样改变财产特征会破坏现有秩序，不过并没有严重到不切实际的程度。政治辩论的措辞继续复制着 19 世纪早期的传统对比。"私营企业"和"公有制"仍然彼此势如水火。但是现实情况是，在传统法律制度的正式外壳下，新关系的要素已然做好了准备，并通过设计好的政策逐步得到应用。政策设计者不是社会主义者，而是那些既反复强调、同时又在削弱个人主义话语的人。美国的埃施－康明斯法案（Esch-Cummins Act）、英国建立交通运输部的法案、阿瑟·达克汉姆爵士（Sir Arthur Duckham）为煤炭业组织制定的计划，以及英国政府自己针对煤炭业的提案，它们的共同特征是名义上维持了私有制，实际上却通过将运营者置于一个公共部门的监管之下（有时附带着一个财务担保），弱化了私有制。带有这种普遍特征的方案，实际上是人们发现私营企业的运行不再有效率之后最先产生的本能反应。类似于相互竞争的公司合并成一个单一联合体所具有的优点，这些方案可能也具有一些技术规程的优点。然而，可疑之处在于，它们呈现的这种妥协是否能长久持续下去。毕竟，或许有人会问，当私有制被削弱到政策所建议的程度时，私有制的优势是什么？这些政策旨在保护"所有者"的权利，难道"所有者"没有理由回答政策设计者，"你的好意我心领了"吗？私有企业有自己的优点，公有制或许也是如此。但是，到这些方案实现的时候，"直接彰显自然自由的制度"所剩无几，与此同时，方案设计者被禁止诉诸国有化提倡者所强调的那些动机。成为一个企业家，在世界里冒险，尽可能追求无限的利润是一回事；成为一个铁路公司或煤炭公司管理者，在政府设定的最低利润率和最高利润率之内活动，就完全是另外一回事了。杂交体往往是不育的。或许有人会质疑，在拔除私人资本主义利齿的时候，这种妥协是不是也没有充分利用它的优点？

　　因此，当经济发展达到一定阶段的时候，私有制的辩护者也会承认，私有制不再是唯一可容忍的形式，人们拥有其他方式来自由地展现那些曾经用来替私有制辩护的特有的真正优势。由于人们心照不宣地对保护消费者、根除浪费或满足工人要求等现实需要做出让步，私有制逐步被削弱，公有制不仅基于社会原因，也出于经济效率考虑，开始替代一种几乎没有所有权、完全丧失私有性的私有制。可惜，这种改变势必是渐进的。但是，它应该是持续的。当政府像过去几年一样获得大部分工业资本的所有权的时候，政府应该继续持有，而不是让给私人资本家；此时，后者提出两种抗议：
政府管理起来缺乏效率，就不会盈利；政府若管理得很有效
率，就会贬损资本家。当地产像目前的情况一样被分解出售
的时候，公共机构应该进入市场获得地产。最重要的是，从
市政委员会还是腐败的寡头统治集团的时代就产生了这个荒
谬的障碍，它现在阻碍了英格兰地方政府获得土地财产和工
业资本的所有权（出于议会法案详细规定的目的除外），政
府应该将它摧毁，还应该自由承担市民期望的服务。实际
上，对公有制比较有力的反对主要是反对过度集中。但是，
纠正过度集中不是让无功能的财产留在私人手中，而是分散
公共财产的所有权。当伯明翰、曼彻斯特和利兹原本是小共
和国的时候，我们没有理由认为它们会因为来自白厅 ① 的一
个传言而吓得瑟瑟发抖。

　　这些事情应该平稳而持续地完成，当然一些特殊情况除
外，例如在采矿和铁路行业，专家声称资本私有制要对不
可容忍的浪费负责。还有一些行业，比如礼拜用品和蒸馏酒
的制造，从政治和社会层面考虑，将它们放在私人手中就太
过危险。从私有制向公有制的转型不应该是为了建立单一形
式的官僚管理，而是为了将工业从私人利益的控制中解放出
来。私人利益对工业的控制（不论管理方式是什么）不仅仅
在小问题上带来麻烦，而且在原则上是邪恶的，因为它们将

―――――――――――

　　① 白厅（Whitehall）是伦敦威斯敏斯特地区的一条街道，英国政府的行政
部门多驻扎于此，通常代称英国政府。

121

工业的目的从履行职能变成了获取利润。与此同时，如果特定的工人团体采取行动，动摇私有制，就像最近发生的那样，那就再好不过了。杀死一只猫，除了把它淹死在奶油里，还有很多方法，但是如果给猫解释了那些方法，它就极有可能会选择奶油。不过，两种方法是互补的，而不是二选一的。为了找到对立派别而虚构它们之间的不相容性，这种行为是严重的"仇恨社会学"（*odium sociologicum*），折磨着改革者。

122

第八章 "恶性循环"

何种管理形式能够取代股东代理人对工业的管理？何种管理形式才最可能让工业保持其主要目标，摆脱现在的困扰，最少受到掠夺性利益和不履行职能的外人的支配，最少受到压抑的不满和间歇性反抗的轮番干扰？不管用何种制度管理工业，有一件事情是确定的。工业管理的经济过程和经济结果必须公开，因为只有公开，我们才能知道工业提供的服务是否谨慎、有效和值得尊敬，工业的目标是否实现，工业的职能是否履行。保护商业秘密是进行竞争的一件合法武器，所以类似于保护掺假。实际上，它的辩护理由还不如这个著名信条充分，因为有效竞争的条件是公开，保密的一个动机就是要阻止公开。

借用威灵顿公爵对尚未改革的下议院的讲话，[①]现在管理

————————

① 威灵顿公爵（Duke of Wellington）是英国著名的军事家，在滑铁卢战役中战功赫赫，1828—1830年担任英国首相。他的讲话出自1830年，早于1832年议会改革，所以是"尚未改革的下议院"。

工业的人，那些极力强调他们"到目前为止，从未看到或听说任何令人有一丁点儿满意的措施"提供任何可以改进管理方法的人，除了令人尊敬的少数例外情况，显然也最不情愿让公众知道全部事实。然而公众应该知道全部事实，这很重要。之所以重要，不仅是因为在真实的经济状况尚不为人知的情况下，工业的所有不和必然演变成黑暗中的争斗，好比"无知的军队在夜里交锋"①，也是因为只有利润和成本完全公开，人们才有可能合理判断售价和参与生产的各部门所要求的酬劳。要知道，资产负债表可能隐藏利润，既没有说明售价，也没有说明酬劳。因此，当事实公开时，公众会目瞪口呆：工业管理中有不可名状的经济浪费。如果按季度依次如实公开全部事实，以后可能就不用披露这些了，因为公开本身就是一种防腐剂，而且不会再有耸人听闻的事情要揭发。

过去几年发生的事情就是一个教训，不应该再犯。当时，司令部要求士兵每天只能射击数回炮弹，不管需要进行何种反击，因为炮弹只够射击数回。政府对制造炮弹的价格惊讶不已，就设立了一个成本部来分析制造商提交的估价，并逐项与政府自己所属工厂的成本进行比对。仅仅通过信息汇总，人们就发现，按照成本部雇用的注册会计师的说法，"炮弹和类似军需品的价格降幅高达原始价格的50%。"普

①　语出马修·阿诺德（Mathew Arnold）的《多佛海滩》（Dover Beach）。

通消费者抱怨煤炭价格昂贵。偶尔在有影响力的工业参与者的愤怒声讨中，这些事实会被公开。这些事实说明了什么？2—6个百分点的利润率被加到已经很高的煤炭价格中，因为较差的煤矿据称无法收回成本。之后，在委员会审查的煤炭产量中发现，21%的利润在每吨1—3个百分点，32%的利润在每吨3—5个百分点，13%的利润在每吨5—7个百分点，14%的利润在每吨7个及以上百分点。仅在伦敦一地，经销商的利润总额就超过了320万美元。以服务而非营利为目标的合作运动，分销的家用煤炭每吨费用则低于煤炭业售价2—4个百分点！ ①

　　"但是这些都是例外。"或许的确如此。信托委员会最近告诉我们，在一些行业中，"一种或几种企业联合或合并，实力足以控制产出和价格"，不仅成本可以降到最低，利润也很低。但是，当每一个使用企业的产品或为产品生产付出诚信服务的人，要求公开生产成本和价格信息的时候，为何还要坚持这种不光彩的保密传统呢？如果工业成为职业，不管是何种管理方式，如约翰·曼爵士（Sir John Mann）对煤炭工业委员会所言，其首要职业规则就是"所有牌都应该摊在桌上"。倘若公共部门负责按季度公布一个行业中的所有公司关于生产成本和利润的准确报表，那么仅仅在生产效率上就有很可观的收获，这一点会吸引我们中间那些热衷提高

126

---

① Coal Industry Commission, *Minutes of Evidence*, pp. 9261-9.——原书注

产量的人。因为成本最低的组织会成为其他类型的组织效法的标准。士气上的收获是不可估量的，虽然看起来很可笑，但是士气也是影响效率的一个条件。这样的话，工业管理将会是透明的，不管其成本是必要的还是非必要的，也不管其收益分配是合理的还是意外的，都会人人皆知。谁也不可能劝说产品制造者或消费者像现在那样默许毫无意义的支出，因为这对行业所要提供的服务没有任何帮助。借助这种不可能性，就可以让工业保持其目标。

作为职业的工业，其组织不仅涉及废除无功能的财产，以及将公开确立为体现职业荣誉标准的必要条件，还意味着劳动者应该保证高效完成工作。这表示他们不应该仅仅因为担心个人不便或者受到处罚而承担公共服务，而应该将履行职业责任当成一项义务。这项义务不只属于少数精英，即知识分子、经理人或从事"业务管理"这种技术性工作的"老板"，只要进入行业，义务就暗含其中，并依赖全体普通劳动者的同意和主动性。实际上，这项义务被解释成归属于全体劳动者而不仅仅是当权阶级的程度，恰恰造成了现有工业秩序、集体主义和职业化工业的组织之间的差别。在人力使用方面，现有工业秩序的目的是获取私人利益，集体主义的目的是服务公众，职业化工业的组织则在公共服务中将他们的职业自豪感、团结和组织联系起来。

后两者的管理机制差别可能并不是特别大。两者都使现有工业资本所有者的所有权受到严格限制，或者向公众转移。两者都愿意设置必要机制，利用消费者的意见给工业提供的服务施压。它们的差别在于如何构想生产者对公众负有的义务。生产者可以执行代理人传达的命令，他本人也可以通过他的组织，积极参与决定命令的内容。在前一种情况下，他只负责自己的工作，除此之外再无其他。只要他按时按量采煤，整个矿井的工作量是否完成就跟他没有关系；只要他打进规定数量的铆钉，就可以不再管船舶的价格或者适航性。在后一种情况下，他的职责远不止是完成专门分配给他的工作，还要为整体事业的成功承担一份责任。无权即无责，他的职位至少要包含确保他能实际影响工业管理的权力。实际上，这种集体责任是为了保持一定的服务质量，而这正是职业的突出特征。这个特征与几种不同的管理体制兼容，实际上，当生产单位不是群体而是个体的时候，它与任何管理体制都难以兼容。它的真正含义是，个体只要进入职业领域，就应该承担与职业管理相关的特定责任；职业组织不管是何种形式，都应该有足够的力量来维护这些责任。

劳动者参与管理工业的要求通常以生产者的名义提出，为的是呼吁经济自由或工业民主。1916 年的《美国劳资关系委员会最终报告》[①] 提到："政治自由只能存在于拥有工业自

128

---

① 1912 年成立的美国劳资关系委员会（Commission of Industrial Relations）负责调查工业领域的劳工法律问题，经过几年的调查，于 1916 年提交了报告 Final Report of the United States Commission of Industrial Relations。

由的地方……我国的工业领域内有一些事实上的独立王国，
它们压迫着那些靠它们生活的人，严重威胁到国家的和平与
福利。"英国人的虚荣心可能淡化了阴影，增加了光亮。但
是权力的集中深入资本主义的骨髓，在权力执行上，专断程
度的差别是微不足道的。实际上，管理大量工作的权力会赋
予私人一种管辖权，这涉及与劳动者的生活和生计有关的事
务，按照美国劳资关系委员会的说法，或许可以被描述为
"工业封建主义"。要理解英国人的传统自由如何与一种工
业组织兼容是不容易的。只要经过法律或工会制度批准，这
种组织就允许一个由六七个董事组成的委员会，去决定几乎
与几个著名城市过去的人口数量相当的人口的人生起落、工
作、经济机会和社会生活。

　　最保守的思想家也承认，现有的工业组织需要牺牲生产
者的自由，这令人无法忍受。但是，生产者每次寻求自我解
放，都会遭遇一种反对：现有制度可能与自由不兼容，但是
至少确保了有效率的服务，而那些赋予工人更大的工业管理
权的运动会威胁到有效率的服务。这是要离间生产者和消费
者，这种企图暴露了所有利益集团的想法，他们意识到，仅
凭自己无法阻挡工人运动的潮流。因此，在过去几个月，他
们自然会集中力量表明，工人团体每次提出更高的诉求，要
求增强权力，都是在给普通公众增加新的负担。知名人士生
产的显然不如消费的多，然而他们向工人阶级解释，工人除
非生产更多，否则就必须少消费。高度联合的企业集团警告

公众提防掠夺性的工团主义 ① 的危害。有了穷人保护者的新
角色以后，矿主哀叹矿工的"自私"，仿佛只是纯粹的博爱
让他们不情愿地接受利润和使用费。

这种论断所依据的假设很简单：现有的工业组织是生产
效率的保证，劳动者每次尝试改变它，他们作为消费者失去
的都比作为生产者获得的要多。这个世界不再富足，现在要
求生产大量商品。劳动者则要求更高的收入、更多的休闲，
以及更安全和更有尊严的地位。有人认为这两项要求是矛盾
的。倘若劳动者坚持要求提高工资和缩短工作时间，他作为
消费者如何能得到便宜的商品？倘若消费者要求获得便宜的
商品，他作为劳动者又如何能获得这些工作条件？所以，他
们认为工业陷入了恶性循环，缩短工作时间、提高工资最终
却意味着工作时间变长、工资降低；每个人得到的会更少，
因为每个人要求的更多。

这个场景貌似可信，实则荒谬。其荒谬之处不仅在于粗
暴地假定工资增长必然带来成本增加，还有一个更为根本的
理由：实际上，经济混乱的原因不是生产者和消费者的要求
有直接冲突。因为如果存在直接冲突，在矛盾出现的时候，
他们的不相容性就会很明显，而且任何一方都不能否定自己

131

① Syndicalism，起源于 19 世纪晚期的法国激进工会运动，"站在生产者的
角度反对消费者，关注改革实际的工作和工业的组织，确保更大的工作报
酬"。（参阅 Bertrand Russell, *Proposed Roads to Freedom: Socialism, Anarchism
and Syndicalism*, New York: Henry Holt and Company, 1919, p.62。）

对对方负有责任，不管各自有多想回避。他们并不存在直接冲突，只是按照今天的工业组织方式，劳动者放弃的份额，普通消费者并不一定能得到；消费者支付的份额，普通劳动者也未必能拿到。倘若这个循环是恶性的，所谓的恶性也不是封闭，而是始终半开放，所以部分生产在消费中流失，不会增加生产力，而生产者知道这一点，并没有充分使用他掌握的生产力。

正是对这种流失的意识，才让所有人意见相左。倘若"和平"意味着完全没有分歧，那人们能想到的工业组织制度都不能确保工业的和平。人们可以保证的是不让分歧燃起阶级战争的烽火。如果一个团体的每个成员都以从公共资源索取物品为条件来进行投入，他们就会像小孩子为蛋糕争吵一样，一直为份额的多少争吵不已。但是，如果引发争执的总额已知，诉求得到承认，那么，既然所有人都持同一立场，任何人想要比同伴得到更多，都必须给出充分的理由，说明那是他应得的。但是在工业中，人们并不承认所有的诉求，因为这些人没有投入就想要索取；需要分配的总额和分配依据的比例都遭到了刻意隐瞒；那些负责分配公共资源和管理报酬的人，正好关心的是确保自己获得尽可能大的份额，而给其他人分配尽可能小的份额。如果一个贡献者拿得少，目前来看，这份少拿的收益不一定会被某个有过投入且和他有同样权利的人拿走，也可能被某个没有投入且完全没有权利的人拿走。如果另一个贡献者想要更多，在不掠夺同事的情况下，他可能要牺牲掉一个不参与实际业务的股东，因为他相信这个股东会掠夺他和同事。实际上，既然没有明确的原则确定他们应该拿走什么，他们就会拿走一切能得到的。

　　在这种情况下，谴责生产者剥削消费者就失之偏颇了。这些谴责必将被视为兵法的一种经济版本，军队躲在妇孺身后前进，事后又抗议敌人残忍地射杀手无寸铁的平民。它们作为证据所证明的不是一部分生产者在剥削其余生产者，而是少数与两者对立的财产所有者能用经济力量引导消费多、生产少的人反击消费少、生产多的人。报纸大肆散布的不满是有些劳动者可能比其他人拿走的份额多太多，而这个不满掩盖了另一个更大的不满，即某些懒汉拿走了一份，报纸却对此默不作声。因此，废除不提供任何经济服务的报酬，是保障经济效率与工业和平的一个必要条件，因为这些报酬的存在使不同阶层的劳动者团结一致反对共同的敌人，从而阻碍他们彼此约束。工业遵循的原则，要么是职能原则，要么是弱肉强食原则，两种原则不能并存。在前一种情形下，工作懒散仅比完全不工作道德一点；在后一种情形下，就没有道德可言了。只要财产拥有者和政府坚持维护无功能的财产，拒绝去掉自己眼中的梁木，哀叹工会眼中有刺对他们来说毫无用处。①

──────────

　　① 《新约·马太福音》(7:5):"你这假冒为善的人！先去掉自己眼中的梁木，然后才能看得清楚，去掉你兄弟眼中的刺。"这里化用圣经典故，意指财产拥有者和政府在指责工会之前，应先反省自己的问题。

　　毋庸置疑，只有劳动者能阻止劳动者滥用权力，因为只有劳动者被认为有资格让自己的诉求得到考虑。第一步是阻止生产者剥削消费者，这一步比较简单，就是让人人都成为生产者，因此消除个别劳动者群体以牺牲公共利益为代价、强力实现自身诉求的诱因。在此之前，他们有一个合理的借口，即他们要拿走的收益取自现在无权享有它们的人，因为这些人没有提供适当的服务或完全不劳而获。确实，如果劳动是得到报酬的唯一依据，共同体遭受高度组织化的生产者群体剥削的危险多半就会消失。因为当非生产者得不到报酬的时候，就没有值得争辩的地方了，显而易见，如果一群生产者拿得多了，另一群就必然拿得少。

　　在上述条件下，如果一群劳动者利用他们强势的战略地位，以牺牲同伴的利益为代价侵占过多利益，人们就可以说他们是在剥削共同体。但是现在这种陈述是没有意义的，因为在共同体能被剥削之前，共同体首先必须存在，可是在当前经济领域内，它的存在不是事实，而只是一种愿望。不管什么时候，只要有劳动者提出了雇主认为棘手的要求，这群劳动者就会被指责为一帮鱼肉公众的无政府主义者。在紧急事件中，这套程序也许是一件实用的武器，然而，我们一旦对其进行分析就会发现，这套程序在逻辑上是站不住脚的。近些年，这套程序被运用到了邮递员、工程师、警察、矿工和铁路工人身上，这些劳动者加上家属有 800 万人之多。在矿工和铁路工人的情况中，整个劳工组织连同那些提出所谓过分要求的群体一起成了受害者。但在去除这些劳动者和他们的同情者后，"共同体"还剩下什么呢？通过逐项减去组成共同体的所有条目来得出一个总数，这是一种幼稚的算法。通过依次消除不同公众的利益来找到公共利益的艺术，更像是修辞家而非政治家的做派。

　　事实上，目前试图依靠呼吁"社会利益"来抵制劳动者群体的要求是没有意义的。因为单就经济层面而言，如今存在两个而非一个社会；这两个社会就像辛巴达和海中老人①一样，处在一种不安的并存状态，在精神、理念和经济利益上都是撕裂的。一个社会由依靠劳动（不管是手艺还是职业）生活的人组成，另一个社会由依靠这些劳动者为生的人组成。后者全都不能要求应该归属于前者的牺牲或忠诚，因为他们没有经得起检验的权利。忽视那种悲剧性的分裂而不是设法终结分裂，这种本能是温和的，有时也是仁慈的。不过，这是感情用事，就像痨病患者病态的乐观态度，他甚至不敢对自己承认他的病很致命。只要这种分裂存在，全体劳动者尽管会因为内部某个团体的斗争而经受痛苦，却还是会对后者报以同情，因为所有人都对各自斗争的结果感兴趣。只有在斗争结束，他们面对彼此而不是像现在那样面对共同的敌人时，不同的劳动者团体才会互相保持克制。总之，一

---

　　① 在《一千零一夜》中，航海家辛巴达旅途中遇到一位老者（即海中老人），辛巴达好心帮助老者，但是老者骑在辛巴达的脖子上将他当成奴隶使唤。

个团结的理想社会（其中没有哪个团体用权力侵犯另一个团
体的标准）是很难实现的，除非先废除无功能的财产。

有些人把有闲阶级看作永恒秩序的一部分，而没有永恒
秩序，文明是难以想象的。这些人甚至不敢对自己承认，因
为有闲阶级的存在这个世界变穷了，而不是变富了。既然生
产力的充分利用很重要，这些人就心急火燎地写信给《泰晤
士报》，鼓吹增加生产的必要性。可是他们自身、他们的生
活和消费方式，以及他们作为有闲阶级的存在，自始至终都
是生产没有增加的原因。在他们的全部经济计划中，他们保
留了一项条款：这个世界不管多么贫困，都应该一直供养他
们。但是劳动者没有这样的保留条款，也没有任何理由这样
做。劳动者出于公众的需要，呼吁他们生产更多财富，但是
他们通常置若罔闻，尽管这些呼吁并不包含劳动者通常所具
有的无知和误解。

事实上，劳动者不是消费者的仆人，而是股东的仆人。
消费者需要扩大生产，可是股东的首要目的是股息。所有
的生产，不管多么无用和愚蠢，只要能产生股息，对股东来
说都没有什么区别。劝股东为共同体生产更多财富是没有用
的，除非能同时确保在更多财富生产出来的时候，共同体会
以相应的比例给予他回报。如果针对采煤的各种不必要的费
用已经取消，我们就能合理地要求矿工赶紧树立榜样，拒绝
靠牺牲公共利益为自己索取更好的条件。但是，只要如今那
些负责管理工业的人用"奢侈浪费"（那个最杰出的官方见

证者在煤炭工业委员会定下的罪名）进行管理，矿工就没有理由拿低工资或工作超长时间。只要消费者允许自己被暴涨的利润、无效率组织的成本以及不必要的额外中间商费用压榨，他就没有理由抱怨矿工的贪婪。

今天，即使矿工或其他工人生产了更多的产品，他也不能保证结果会是更低的价格，而不是更高的股息和更多的使用费。作为劳动者，他只能决定雇主供应给消费者的商品的质量或售价。只要他直接服务于一个赚取利润的公司，只是间接服务于共同体，他就不能做任何保证。只有在与工业所服务的公众保持一种直接关系的时候，他才能做保证。也只有如此，在所有成本都收回的时候，盈余才会传递到工业中，而不是私人个体手中。每个行业的劳动者不仅是执行命令的服务者，而且亲自为服务品质承担集体责任；不仅利用组织让自己免受剥削，还为行业的管理和发展做出积极贡献，只有在这种情况下，他们的保证才会被接受。

138

第九章　影响效率的条件

　　我们需要一个新工业秩序，不仅是为了最受旧工业秩序压迫的生产者，也是为了消费者。因为旧工业秩序最自豪且作为抵制变革的理由而极力宣扬的能力，即有效率地服务消费者的能力，显然在瓦解。正在瓦解的是它一直以来最脆弱的地方，也就是对人的控制；它对一切都漠不关心，只看重人的经济意义，出于自己的目的提取了一个抽象概念——劳动（labor）。旧工业秩序崩溃的第一个征兆就是过去经济崩溃常常出现的第一个征兆——通常的刺激无法使人努力做出通常的反应。

　　在人们认识到这种失效，重组工业以实施新的刺激之前，崩溃的状况不会自我纠正，工业当然也会经历间歇性恢复和短暂繁荣，但崩溃会继续和加速。造成这种结果的原因很简单：负责指挥经济活动的那些人，逐渐无力指挥经济活动所依赖的那些人。这不是个体的错，而是体系的错，是工业主义本身的错。在 19 世纪大部分时间里，工业靠饥饿与恐惧驱动，而这两种力量都掌握在雇主手中。雇主可以按照自己的意愿雇用或解雇员工。如果有人抵制他的条件，雇主可以辞退他们；如果被辞退，他们就要挨饿或进济贫院。权威是集中的，权威的手段是消极的，员工很害怕失业。由于员工既不能阻止失业的发生，也无法在失业发生时采取行动稍微缓解恐惧，他们就得服从一种无法反抗的纪律。行业则借助他们对一种权力的消极顺从来追求自己的目标，如果他们胆敢反抗，这种权力可以分别镇压他们。

　　我们既可以称赞这个体系有效率，也可以谴责它不人道。但是，至少就像赞赏者乐此不疲地指出的那样，它是起作用的。它的优缺点与普鲁士政府有许多相似之处，只要它运转起来，就经受得住人们对其做法的批评，像壮汉一样摆脱疾病。但是，今天它连那有缺陷的品质也不具备了。它不再有效率，不能再像全盛时期那样保证财富产出的持续增加，进而也就无法再依靠物质成功的壮观景象平息人们的批评。尽管它依然在运转，但是这种运转并不均衡，充满了持续不断的冲突、挫折和停摆，没有获得公众的信心，甚至没有充分的自信心。它就像一个暴君，过去大权在握，现在必须靠诡计和哄骗来统治。它就像一个狱卒，就算还没有被夺走鞭子，也只敢施加温和的惩罚。它还像一个人，尽管仍141坚称他独自就能让踏车转动、研磨谷物，却被迫交出很多权力，让人质疑他是否还值得继续做这份工作。事实上，资本主义用作惩罚的工具一件接一件地被拿走了。旧体系不能按照自己的意愿支付工资，也不能按照自己的意愿决定工作时间。在组织良好的行业中，雇主随意辞退员工的权力（旧体系的权威的核心）被动摇了，因为人们不再容忍一个体系让他们的生计依赖于个体的反复无常。不久的将来，所有行业都不能再利用饥饿来威胁不满的工人，因为公众不会再任由非自愿的失业带来饥饿。

如果说资本主义正在失去对人的身体的控制，那么更重要的是，它已经失去了对人的思想的控制。一种文明曾经把"穷人"当成富人的工具（在最坏的情况下是富人获得奢侈品的工具，在最好的情况下是富人获得美德的工具），50年前造成这个结果的心理基础是大众的无知，无知使他们把雇主的罪恶奉为智慧，并且尊敬一种动物般的不负责任的能力。教育和经验消解了大众的顺从，正是依靠这种顺从，私人资本家寡头才将工业管理权持续掌握在自己手里。如今的劳动者不太相信很多管理工业的人具有知识优势，同样也不太相信这个体系合乎道德。对他来说，这个体系不仅令人压抑，还浪费、无知和低效。从他自己所在工厂和矿场的经验出发，他将资本家以公众利益守护者自居的做派视为假道学和虚伪之举。因为他每天都发现，短期经济利益牺牲了效率；作为一个人，工业秩序的不人道让他义愤填膺；作为一个明白好工作与坏工作不同之处的职业人员，他越来越蔑视不应有的吝啬和不合时宜的浪费，蔑视似乎与追求利润（工业成功的主要标准）密不可分的整个掺假、宣传与欺骗的机制。

　　因此，资本主义不再靠恐惧来确保繁重的工作，因为这种做法不再让人畏惧；也不能靠尊重来确保繁重的工作，因为它不再受人尊重。它想借助胜利来重申自己日渐衰落的威望，结果只能是比失败更严重的灾难。雇主或许会庆幸自己使管理自由权完好无损，或成功地否决了对公有制的要求，又或破坏了一场要求提高工资和缩短工作时间的运动。但是劳资纠纷或政治斗争的胜利往往意味着工作场所的失败：劳动者或许失败了，但是并不能因此就说雇主（更不用说主要由劳动者组成的公众）获胜了。工业的目标是以最低的人力成本生产商品。不过，蔑视命令的劳动者会有不满和不信任的情绪，雇主没有魔力来确保生产效率不受影响。信任是工业的基石，这是普遍真理。但是信任与心理状态有关，劳动者和资本家一样有自己的心理状态。如果信任是资本投资的必要条件，那么对完全靠劳动谋生的人来说，信任也是有效劳动的必要条件。尽管他们还没有强大到足以强制推行自己意志的程度，但他们已经强大到足以在雇主强迫他们的时候进行抵制。他们或许还在工作，没有罢工，但他们工作只是为了免遭解雇，而不是为了一个他们不信任的系统的至高荣耀。要是他们被解雇了，取代他们的人也会照此办理。

143

　　这是低产出的一个原因。建筑业雇主和劳动者阐释过这个原因，矿工代表在煤炭工业委员会上也有过陈述。大法官桑基先生对此的重述令人印象深刻。雇主自身没有对此提出过严肃抗议。实际上，他们反复谴责"对产出的限制"，只不过是表示他们没能组织好工业，以便确保他们专有的功能所提供的高效服务。除此之外，还有别的意思吗？沉浸于对工人阶级之"自私"的猛烈抨击也是不合适的。"对整个国家的控告"在工业中和在政治中一样是不可能的程序。制度必须适应人性，而不是人性适应制度。假如工业体系产生的结果使越来越多普通人发现工业体系没有给他们提供足够的进行经济活动的动机，那么，谴责普通人而不改良体系就纯粹是迂腐。

144

所以说时机到了，工业中的专制主义也许仍会打胜仗，却输掉了整个战役，而且战场刚好是它自己选择的经济效率这个领域。在过渡时期，经济活动被两类人之间的斗争干扰，一方拥有名义和习惯上的权力但不再有完全的实际权力，另一方日益获得实际权力但还没有得到承认。消费者则是受害者，他从来没有得到过温和顺从的服务，也没有得到过明智合作的服务。其实，只要奴隶们允许，奴隶制就会起作用；只要人学会自由，自由就会起作用。可是两者的混合体是不会起作用的。因此，公共领域出现煤炭供应不足，不仅仅是因为煤炭开采和分配体系存在技术上的缺陷，还因为这个体系本身丧失了自己的驱动力——煤矿主不再能劝导矿工为他们生产更多的股息，为矿产所有者提供更多的使用费。公众也不可能呼吁他们全力为自己服务，因为公众已经明白，他们不会为公众服务，而会为股东服务。

145

这种困境并不像有些人认为的是暂时的战后余波，也不是煤炭业的特殊情况，仿佛只有矿工是人们过去几个月所描述的罪恶之子。这种困境是永久的，波及范围广泛，并且随着教育活动唤醒沉睡的精神，一个又一个行业发展出强烈的合作意识，它会传播得更远。领导者的哀叹、谴责乃至威胁解决不了这种困境，他们唯一的价值就是公开说起普通人私底下的感受。最根本的问题实际上是心理问题。工业体系在过去几代人的时间里依靠一些动机确保效率，如今的情况是，它们不再提供保证，想要恢复它们是不可能的。你不可能只凭劝告就恢复希望、恐惧、无知、病态的盲从和被动的顺从（50年前，这些复杂的心理使人成为工业主义手中可塑的工具），就像不可能使吃了智慧树果实的人重获天真一样。

对于那些聪明且值得尊敬的商人来说，他们的理想是恢复19世纪60年代的辉煌。那时的劳动者温顺且信赖他人，工会还是不完全合法的组织，国外竞争意味着英国在外国的竞争，价格稍微上涨，不过也不会涨太多。这个理想是永远不会实现的乌托邦。只要侍臣坚持说国王穿着衣服，国王就可能会裸体行走，但是如果一个小孩子或傻子说破了真相，裁缝的意义就会比那些侍臣所有的赞美都重要。公众遭遇了经济增长放缓的痛苦，如果他们渴望结束经济的萎靡，就不会带着钦佩之情实打实地称赞显然已不再有效的动机的作用。公众会释放新的动机，激励他们为自己服务。他们会努力寻求一种新的方式，以替代向来有辱激励者和被激励者人格而且现在不再有效的激励方式。资本主义先前通过失业、

146

饥饿等手段来实行的纪律，如今被责任感和职业自豪感驱动的自律所取代。

因此，作为经济自由的条件，生产者要求更强大的组织、更充分的责任、更大的权力，要求自由，与消费者要求更高效率和更大产出并不矛盾。两者是互补的，就像职业人士（不管是医生还是大学教师）坚决维护他们的职业独立性和尊严（以抑制企图降低服务水平的行为），并不会阻碍高效的服务，从长远来看，反而是实现高效服务的一个条件。对消费者而言，明智的选择是尽可能促进转型。因为按照目前的管理，工业是违反常情的。它走遍洋海陆地，巧妙地进行财务和技术上的调整，为的是努力克服本不应存在的障碍。它试图通过消除职业情感而不是利用职业情感来实现目标。它不仅承担着不可避免的经济负担，还背负着不断增加的憎恶和怀疑。它实际上"射杀了引起风吹草动的那只鸟儿"，将尸体挂在肩上继续做自己的事。工业的技术缺陷尽管常常很严重，但与那种心理负担相比就小巫见大巫了。商人宣讲生产的福音，并不提供任何应对现有经济状况的核心事实的计划，这有点类似于基督教辩护者，他们会小心地省去所有谈到人的堕落和救赎计划的内容，以免打扰听众的平静。如果我们希望增加财富产出，这就不是一个悖论，而是表达了一个基本经济原理：普通工人积极而富有建设性的合作，要比新煤田的发现或者科学发明更有利于增加财富产出。

　　职业情感现在对建设性工作缺乏兴趣甚至怀有敌意，建
设性工作要想寻求它的支持，首要条件是确保职业情感出现
的时候，结果是面向公众，而不是资本、土地或其他资源的
所有者。因此，淡化或完全废除私人占有的工业资本目前所
涉及的各种权利，并不是空想家的要求，而是一项以经济效
率为目标的政策中不可或缺的要素，因为这是人类最有效地
发挥功能所需要的条件（经济效率最终依赖于人类，这个不　　148
言自明的道理常常被忘记）。当然，这只是政策的构成要素
之一。合作的方式从简单的顺从到谨慎的主动，再到积极的
主动，不一而足。现有工业秩序不依赖职业自豪感的潜藏力
量，资本主义与工会组织斗争多年，其实一直想要完全消灭
这种力量。而一个标准的高效管理体系，应该在工业管理中
激发这种力量。

　　呼吁职业情感所具有的效力也不能立足于"人性的
变化"假设，这种假设是令人满意的归谬法（*redudio ad
ahsurdum*），是那些对人性如其所是运行最为不满的人提出
的。这种呼吁所涉及的内容是，某些基本事实应该被考虑，
而不是像现在这样被忽视。一切工作都令人不快，"所有人
都希望付出最少却获得最多"，这些或许就像人们认为的那
样不言自明。但是实际上，个体所属团体的集体感情是否支
持努力工作，以及设定何种努力标准，完全可以决定个体的
态度。雇主抱怨，只要劳动的一部分结果是为股东增加股
息，大量工人团体的公共意见就是抵制劳动的强化。单就效

率来讲，这种情况无疑是对现存工业秩序最严重的控告。但
是，即便公有制取代了私人资本主义，它掌控有效率的服务
149 的能力最终还要取决于它在两个方面的成功——不仅要确保
职业情感不再是反对力量，还要确保它积极帮助维持工业合
理提出的最高效率标准。

具体来讲，当现存的矿业所有制是拉低工作效率的积极
诱因时，由官僚机构管理的公有制如果清除理查德·雷德梅
因爵士（Sir Richard Redmayne）强调的那些技术缺陷（这种
缺陷与 1500 家公司对 3000 个矿场的独立管理分不开），很
可能会失去不同的管理制度带来的资本优势。此外，它会失
去实际操作者从技术知识上提供的帮助，这些人借助日常经
验知道从哪些方面着手可以改进管理细节；还会失去一种
促进效率提高的因素，这种因素源于一种职业的团体自豪
感，即以维持和改善自身服务品质为己任。职业精神就像万
有引力一样，并无好坏之分，不过可以被工程师用来为自己
做事。将职业精神理想化是愚蠢的，忽视它的存在同样目光
短浅。在人们描绘的最卓越的（par excellence）"服务"中，
人们总是承认集体荣誉感（esprit de corps）是效率的基础，
无论好坏，各种方式都被用来促进这种精神；在实践中，国
家在紧急事件中依赖的主要防卫力量的确是海军的职业热
150 情，除此之外再无其他。这种精神并不是与战争相关的职业
所特有的，它关乎共同的训练、共同的责任以及共同的危
险。在所有需要完成麻烦又不合意的工作的例子中，激发这

种精神的力量通常不仅仅是金钱，还有小社会的公共舆论和传统。个体在这个小社会中活动，尊重他从成功中发现的人们看重的东西。

　　像今天这样忽略这个最有力的促进因素，然后哀叹职业精神没有产生预期的效果，这是任性妄为。消除工业中的团体感的生成和作用，以免让一个组织化的生产群体剥削公众，这种政策看似有道理，实则目光短浅。它"将婴儿和洗澡水一起倒掉了"，为保护公众而降低了服务质量。一套高明的管理制度会认识到，职业的团结在许多管理工作中比它自己更有效率。因为个体的职业精神是个体内在的东西，不是外在的力量；在公共服务中，这种精神使团结成为自己的目标。实际上，只有通过这种措施，才能避免烦琐的规章制度——阻止人们做不应该做的事，有时也阻止人们做该做的事——被过于详细地阐释，才能防止官僚机构中的呆板和阻力。要知道，工业的运行离不开法律。它必须要么用职业标准自我约束，要么受到外行官员的约束，这些官员不管有多么热心、多么充满善意，几乎不可能对它了如指掌。公共控制和批评是必不可少的，但是不应该过于具体，或者自相矛盾。最好的情况是，一旦公平的标准建立起来，职业组织就应该检查价格和质量的问题，而不必等政府来这么做。来自内部的监督可以替代详细的外部监督，内部监督者在学习过程中变得充满行业公共责任意识。总之，这就是工业职业化。

151

因此，集体主义本身是一个过于简单的解决方案。它的失败可能就是其他理性主义制度的失败。

> 于是，他该得的那份儿到手了，
> 可惜只缺了心灵的纽带。[①]

如果工业重组会成为活生生的现实，而不仅仅是纸上的计划，那么它的目标必须是不仅要确保工业的运行是为了提供公共服务，还要确保运行当中有生产者组织的积极合作。但是，合作涉及责任，责任涉及权力。指望人们在自己不信任的体系中竭尽全力，或者指望人们信任任何自己没有参与控制的体系，都是愚蠢的想法。人们承担职业责任的能力，取决于人们拥有的可用于移除阻止责任履行的障碍的权力，取决于人们在拥有权力时使用它的意愿。

152　战争期间，为了增加煤炭产出，人们创建了煤矿委员会，但是有两个因素似乎阻碍了委员会的活动：一个因素是，工人不愿意处罚旷工的工友，那种任务让人反感；另一个因素是，管理过失不受许多委员会的控制。在一些案例中，一切都进展顺利，直到他们提出，如果煤矿工人因为自身原因旷工受罚，管理层也应该因为有人想工作却被送回家而受处罚，因为组织缺陷造成了他们没有工作可做。这些要

---

① 出自歌德《浮士德》，译文引自露丝·本尼迪克特著、王炜等译：《文化模式》，生活·读书·新知三联书店1992年版，第1—2页。

求遭到了抵制，理由是"干涉管理"。强制按时出勤的尝试也以失败告终。再举一个煤炭业的例子，让矿工组织促进生产的提高也是不可行的，除非他们有权力坚决要求消除设备和组织的缺陷，解决运煤车、铁轨、木桶和木材的短缺问题，解决因对矿井的"去粗取精"、采容易开采的煤而对未来造成的危害，杜绝分散的所有权反复无常带来的浪费安排（那种所有权也是现在产出下降的原因）。

公众没有两全其美的方案。公众如果允许劳动者被当成"工具"，就不可能要求他们心甘情愿地发挥聪明才智提供服务；如果希望他们有热情去展现出职业人士的精湛技艺，就必须确保他们有足够的权力履行职责。为了让劳动者能废除任何对产出的限制（可能是由他们强加的），他们必须有能力坚持废除危害更大的限制。信托委员会最近告诉我们，这些限制是由雇主的组织强制施加的。为了让矿工领袖不只是负责谈判工资、工作时长和工作条件，而且能够号召其成员增加煤炭供应，他们的地位必须足以确保他们能够消除造成低产出的因素，而这些因素来自管理的缺陷。管理缺陷如今已经成为比矿工的抵触情绪严重得多的障碍。如果建筑业的劳动者要联合行动促进生产，作为一个团体，他们就必须参与工作目标的确定；当要求用有六个房间的农舍安置现在三个人住一间房的家庭的时候，就肯定不能指望他们去建造时尚的别墅。

真是可悲，人们竟然会侮辱自己，生产今天大量劳动者

153

生产的物品，比如掺杂了牛皮纸的靴子，还有不合用的家具。愤怒者的报复尽管并不总是显而易见，但一定是存在的。如果容忍一个以效率的名义毁灭劳动者责任感的工业组织，消费者付出的代价就是，他得到的服务是无效的。消费者一直在为服务付钱，尽管他看不到服务质量。今天，消费者开始意识到，他可能也在为服务数量付钱。公众要想获得有效率的服务，就只能从人那里获得，面对人的主动性和反复无常。总之，公众会获得有效率的服务，只要他们将工业当成一个负责任的职业。

资本主义过去实施的原则现在已经难以为继，以后的替代品就是工人维持职业标准的集体责任。这个集体责任涉及雇主和工会地位的根本改变。只要工业的管理权还掌握在财产所有者或其代理人手中，而他们关心的是从工业中为自己提取最大份额的利润，工会就必然是一个防御性的组织。工会一方面专注于奋力抵制资本主义强制降低工人生活标准的行为，另一方面被谴责"干预管理"，即使在管理明显最无效率时也只是反对派。工会从来不是掌权的管理机构，既没有意愿，也没有权力承担起向消费者提供有质量的服务的责任。如果废除无功能的财产，将生产的控制权转移到代表生产者和消费者的团体身上，那么劳动者与公众的关系就不再是间接的，而是直接的。进一步讲，现在纯粹是防御性的组织会获得相应的地位，不仅仅进行批评和反对，还可以建议、要求和强迫自己的成员履行职业义务。

　　显而易见，在这种情况下，提供给消费者的服务，不管怎样受到消费者在控制工业的权威机构中的代表的悉心保护，最主要还是取决于职业组织能否成功找到一个替代品，取代今天财产所有者的代理人实施的原则。人们丢弃 19 世纪的残忍武器之后，必须用自己的行动保持热情、效率和职业自豪感，这是高水平生产的唯一保证。一旦职业组织具有了这个新的功能，就可以尽情期待它们合理地发挥功能。经济动机在今天受到多大程度的阻碍，另一种不同的工业组织能在何种程度上强化这种动机，经济动机在何种程度、何种条件下可能用来服务于工业动机（不纯粹是经济动机），这些问题只能在研究了工作心理之后才能确定，现在这种研究尚未开始。这样的研究要想有价值，首先必须抛弃传统假设，这类假设通过经济学教科书得到普及，并被实践者当成不证自明的真理。这类传统假设就是：人努力工作的动机是简单的、不变的，就像一个水壶的蒸汽压力；它们在所有类型的经济活动中——从股票交易到货运列车调度或砌砖，都是类似的；只有直接的经济诱因才能诱发、增强它们。人们一直这样来考虑工业中的动机，考量这些动机的作者们通常像大多数科学管理的鼓吹者那样，都从这样的假设开始：不同类型的商业心理学可以同样成功地用于所有阶层的劳动者和所有类型的生产性工作。这些心理学似乎源自一个对公司筹办者、出资者或投资者的心路历程的简单分析。作为对动机和习惯——决定了泥瓦匠、矿工、码头工人或工程师

对自己工作的态度——的一种解释，它们的有效性恰恰就是
争论的焦点。

　　它们显然只与某些类型的工业存在部分的相关性。例
如，你不能假设我们能够精确统计出外科医生、科学工作
者、教师、卫生医务人员、印度公务员和自耕农在工作中投
入了多少技术和精力，这些不同的岗位是否创造了相同程度
的经济利益。显然，从事这些行业的人在相当大的程度上受
到经济激励的影响，尽管不确定具体达到何种程度。显然，
他们业余喜欢做手术、提取研究样本、选择特定类型的教学
方法、准备报告、审理案件或者看护家畜，每个练习过程和
步骤的准确特征，都不直接依赖对金钱得失的准确估算。情
况可能是这样的，在特定行业中，尽管人们是在考虑了工作
的经济利益后才做出选择，而且经济动因要求进行最低限度
的活动，以防被解雇或"失败"，但是人们的精力或能力的
实际水平的展现很大程度上要依靠一种不同的要求所需要的
各项条件。这些条件包括：一个劳动者进入职业前后接受的
训练；同事圈子要求的惯常的努力标准；对获得小圈子尊重
的渴望；个体在这个小圈子中活动，被承认"做得好""没
有失败"；对工作的兴趣，上至热爱，下至"公正对待"工
作的决心；手艺人的自豪感；"服务的传统"。

　　如果说有相当多的人不受经济因素的影响，这种看法是
愚蠢的。但是如果认为人们完全屈从于经济激励，那也是对
社会上工作的实际状况非常不真实和书呆子气的看法。经济

考量在各种工作中究竟起了多大的作用，要看工作的特征和组织方式。在所谓最卓越的工业中，金钱得失的估算要比在大多数所谓的职业中影响更大，尽管在工业中，估算更经常地体现出"指导"工业的企业家的想法，而不是那些管理者和主要拿固定薪资的技术人员的想法，或者普通工薪者的想法。在教学和医疗职业中，在公共服务的许多分支中，在不受资本家雇主的干预下，保证必要的服务质量的，一定程度上是金钱激励，一定程度上是职业训练和教育，还有作为他们职业生涯一般框架一部分的传统职业义务。但是这种差异不是固定不变的。它源自不同职业的组织方式，源自它们提供的训练，源自它们在成员间培养的士气。一种职业的心理特征实际上是可以改变的；新的动机可以被激发，只要有方法允许它们自由表达。将建筑业变成和医疗或教育一样的组织化职业，是可行的，需要的是一个相对较高的公共荣誉准则。

158

事实上，我们应该彻底修正关于人的动机的假设。当前对经济理论的阐述通常以这个假设为基础，对经济问题的讨论通常也根据这个假设进行。这个假设称，个人的迫切需求构成的刺激要么是从事生产的唯一刺激，要么是一个充分的刺激。该假设是一种没有得到历史和现代经验证明的粗糙心理学的遗留物。它看似合理，是因为混淆了两种工作：一种工作是避免实际挨饿所需要从事的最低程度（*quantum*）的活动；另一种工作则不考虑基本需求可能已经得到满足的事实，依靠普通人的自然本性维持，依靠优秀人物自然本性的

159

提升，规定他们所属团体的公众舆论认为合理的努力程度。两者的差别是过去的自由劳动者和奴隶的差别，这种差别被社会遗忘的次数和被认识到的次数一样多。经济上的担忧可以确保人们付出避免经济惩罚所需要的最低限度的努力。然而，过去引发进步的东西和人们所说的对当今社会至关重要的东西，不是满足实际需要所要求的最低值，而是付出一定的精力去承担任务的能力。这种能力尽管可以依靠经济激励激发出来，但是产生的结果要远远超过仅仅为了避免极度饥饿或穷困所必需的东西。

　　这种能力与训练、传统和习惯的相关性，至少不亚于它与经济利益激励的相关性。一个职业组织代表了一群劳动者的公共意见，因此需要拥有这种能力。工业对无功能的财产所有者的从属关系一旦被解除，在这个领域内，工会就有望逐渐找到自己的功能。这对共同体的普遍利益和个别劳动者团体的特殊利益的重要性怎么强调都不为过。在一个行业中，劳动者任命的委员会能与现在股东们任命的委员会一样轻松利用技术知识和管理技能。但是，如今越来越明显的是，经济问题的症结不是工业组织的技术缺陷，而是管理工业的人对全体人员的积极良好的意愿的控制能力越来越不足。如果工业转变为一种服务公众的职业，劳动者的合作就能得到保证；就目前的判断而言，也只有通过那种转换，合作才能得到保证。

　　一旦工业职业化，必然就要承担这些新的、通常令人不快的义务（即工会制度能够承担的内部纪律和公共责任），不管它们可能与现在的传统多么不相容。因为即便速度缓慢，但是权力终将取决于使用它的能力，权威终将与功能相配。劳动者没有两全其美的方案。他们必须选择是为行业准则负责并获得自由，还是拒绝它，继续做奴隶。如果劳动者作为职业团体组织起来，能胜过当前被资本代理人敲诈勒索、举步维艰的人，提供更有效率的服务，他们就能对未来进行良好的把控。如果他们做不到这一点，就会像他们中的许多人一样仍然属于被低估的生产工具。人的本能警告我们，不要接受不能通过实际成就来证明的表面上的精神需求。组织化的劳动者和其他阶级一样，都必须努力掌握权力，他们通往权力的起点是在雇主对工业的掌控逐渐变得犹豫和迟疑时，比雇主提供更有效率的经济服务。

第十章　脑力劳动者的地位

工业向职业的转变涉及管理层地位的改变，这种变化绝不亚于体力劳动者的地位发生的变化。随着每个行业组织起来履行职能，雇主不再是利润创造者，至少在他凭借受人尊敬的头衔保持地位的时候，他就已经成为和其他人一样的劳动者了。在一些行业中，管理者也是资本家，转变可能会发生在对作为资本家的管理者的利益进行限制的过程中，例如雇主和劳动者已提议将这种限制措施引入建筑业。在其他行业中，管理工作都由领薪水的管理者承担，转变在某种程度上已经发生。实际上，随着所有权和管理权分离，以及有知识的工人阶级增加（工业的科学管理工作已经逐渐委托给他们），上述转变的经济条件已经成熟。商业的集中、组织的细化、科学知识在工业生产中的应用日益增加，所有这些因素造就了一批从事工业的脑力劳动者，他们让旧有的分类，也就是在日常语言中仍然流行的称呼"雇主和劳动者"，变成了对当前工业体系的一种荒谬的误导性描述。

为了完成转变，这个50年前几乎无人知晓的新的高级职员阶级应该承认，他们和体力劳动者一样是财产统治的受害者，职业自豪感和经济利益要求他们与其余参与建设性工作的人站到一起。实际上，他们如今的地位远没有那么美好。他们中有许多人，比如一些采矿经理，收入极低。他们的职位任期有时非常不稳定，晋升机会可能很少，而且变幻莫测。他们明白，企业依据偏袒程度和裙带关系派发奖励，结果是企业负责人把自己没什么能力的儿子推给企业，企业为了不受影响而付给他们钱是划算的。任人唯亲和裙带关系只有在极少数发生在公共服务领域的情况下才会受到严厉谴责，在私人企业中差不多成了规则，没什么人质疑其正当性。战争期间，他们发现，尽管组织化的劳动者促进了生产，他们自己的薪水却常常原地踏步，因为他们自视甚高，不参加工会，如今他们有时所得的薪资还不如下属。他们被工人当成雇主的阿谀奉承者，又被雇主当成"工具"，他们身上带着人们对资本主义的反感，却没有相应的权力或利润。

在工业转变成职业的过程中，现在这些从事脑力劳动的人获得的好处和体力劳动者一样多。我们已经指出，功能原则是工业组织的基础，它能提供唯一可理解的标准来确定参与工业的不同群体的权力和职责。现在，这样的标准还不存在。我们在各种形式的学术组织中发现了前工业时代社会秩序的蛛丝马迹。在这种秩序中，学徒要成为师傅，需要经过严格划分的连续等级，每个等级都有明确的权利和义务，各等级之间各不相同，共同组成了一个有功能的等级制度。19 世纪发展起来的工业体系只承认个体便利这个组织原则，个体随时可能会通过企业经营、技术、好运气、不择手段或仅仅是裙带关系，到达行使经济权威的位置。他的权力是他能使用的东西，他的权利是他在任何时候都可以维护的东西。就像库克洛普斯①一样，19 世纪 50 年代的兰开夏郡磨坊主有自己的一套法律。因此，既然从属关系和纪律在任何复杂任务中都不可或缺，那么工业中的从属关系就是仆人对主人的关系，纪律就是经济实力上的强者可以强加于弱者的纪律。

164　　　相对于个体依靠奋斗实现自我扩张的权力分配方案，另一个选择是根据功能进行分配，每个团体在复杂生产过程中所行使的权力都不应超过其履行具体职责所需要的权力。基于此种原则建立起来的工业组织，并不代表将专门的经济功能融入无差别的工业民主中，也不代表将脑力劳动者湮没在占绝对多数的工匠和劳动者中，但是它不容许任何阶级或个人不受限制地使用经济权力。这个工业组织有它的基本规则，

---

① Cyclops，古希腊神话中的独眼巨人族。他们"……受到不死的天神们的庇护，既不种植庄稼，也不耕耘土地……各人管束自己的妻子儿女，不关心他人事情"。参考王焕生译：《荷马史诗·奥德赛》，人民文学出版社 2003 年版，第 155 页。

即一个人能使用的唯一权力就是他的职位授予他的权力。从属关系是存在的，但是与现存的从属关系极为不同。这种从属关系其实不是一个人从属于另一个人，而是所有人都服从工业要达到的目标。权威是存在的，但并不是个体为实现其经济利益而凭借其经济权力强制施加统治，而是要联合不同职责实现共同目标。纪律也是存在的，但它是为了追求共同的目标，而不是为了一个人的便利或利益而将纪律强加到另一个人身上。在这个工业组织中，脑力劳动者史无前例地有望独立自主。他依据自己的能力而不是财富接受评估、获得晋升，不会像当前那样因为贫穷而走投无路。评判他的是他的同事，不是只在乎股息的财产所有者。他不会忍受扭曲的价值观轻视能够创造财富的天才和活力，看重占有财产——占有财产的最好结果是领养老金，最坏结果是挥霍人类智慧的产物。在一个鼓励创造活动的社会中，最受尊重的人就是那些创造者，就好比在一个为享乐而组织起来的世界里，最受尊重的是拥有财富的人。

　　这种考虑过于笼统和抽象，无法令人心服口服。比较一下当前采矿经理的地位和大法官桑基先生的煤炭工业国有化方案赋予他们的地位，就可以得到更具体的例证。技术人员群体正在权衡这种重组的可能影响，他们自然会考虑自己与自身的职业前景及其负责的服务效率的关系。他们会适当考虑薪资、退休金、地位保障和晋升等问题。与此同时，他们还会希望在一些不那么明确但是非常重要的方面得到满足——哪种制度能使他们在职业权限内处理事务时拥有最大限度的自主权或权威，是公有制还是私有制？哪种制度能确保他们的专业知识得到重视，能保证他们在处理技术问题时不会受到外行的否决或阻挠？

166　　　就煤炭工业的具体情况而言，保障和薪资问题几乎不需要讨论。极力推崇现行制度的人不会认为公司提供给雇员的一个优势是地位有保障。至少在一些地区，不管管理者多么胜任职位，只要他们在公开场合表达了公司董事们不喜欢的观点，就很容易被辞退，这一点人尽皆知。确实，公共服务常为人诟病之处正是它提供的保障过头了，这种批评并非全无道理。关于薪资问题，英国一半以上的煤炭公司向煤炭工业委员会提供了数据。[①] 如果他们的报告可信，采矿经理这个阶级得到的薪资似乎太少了，考虑到矿主们经常理直气壮地强调经理的责任，这种吝啬就更令人吃惊了。为国家服务通

①　煤矿管理局向煤炭工业委员会提供了如下数据（Vol. Ⅲ, App. 66），数据涉及 57% 的英国煤矿。——原书注

薪资（包含津贴和住房与煤炭价值）	管理者人数	
	1913 年	1919 年
≤ 100 英镑	4	2
101—200 英镑	134	3
201—300 英镑	280	29
301—400 英镑	161	251
401—500 英镑	321	213
501—600 英镑	57	146
≥ 601 英镑	50	152

常不能也不应该领取与私有企业相当的奖金。但是，假如过
去十年中这些煤矿成了国家的财产，就不太可能有超过半数
的管理者在 1913 年拿到的年薪不足 401 英镑，在 1919 年拿
到的年薪不超过 500 英镑。到 1919 年，煤炭价格已经是原
来的两倍以上，五年中矿主的总收入（不过，更大部分被国
家作为税收拿走了）达到 1.6 亿英镑。如果将采矿经理的薪
资作为私有企业的典型，那就会引起误解。而且，也没有必
要否认一个产业变成公共服务行业可能带来的影响就是降低
目前提供给管理者的奖金额度的上限。人们可以预期，中低
档次的薪资可能会提升，最高档次的薪资可能会有所下降。
无论如何，几乎无可否认的是，按照大法官桑基先生提出的
这种改变，工业中的大部分脑力劳动者都不用担心经济问
题。在平常的工业组织下，利润没有转到管理者手中，而是
转到了股东手中，这一点再怎么强调都不为过。似乎没有任
何理由假定，相比每吨利润不足 3 个百分点的煤矿，每吨利
润超过 5 个百分点的煤矿给管理者的薪资更高。

　　然而，这种改变的经济方面不是管理者或技术人员需要
考虑的唯一方面。他们也要权衡其职业地位会受到什么影
响。服务于共同体会和在私有制下拥有一样多的自由、主动
性和权威吗？这个问题该怎么回答，取决于实施公共服务所
借助的行政系统被赋予的形式。可以想见，在某种制度安排
下，在矿井中由采矿经理负责的那部分人不断反抗，使采矿
经理的职业生活变成一种负担。同样可以想见，在某种安排

下，他会因为来自总部机关的横加干涉而处处受阻，以至于寸步难行。过去，"合作车间"的一些管理者似乎遭遇了第一种状况；如果传言无误，很多职业介绍所的管理者则是第二种情况的受害者。重视这些危险是相当合理的，事实上也是必不可少的。前面已经提到过，重组工业的问题是一个体制构建问题。只有事先指出不同类型的机制可能有的缺陷，问题才有望得到解决。

　　不过，一旦意识到这些危险，好像就比较容易想出防范之策。如果将大法官桑基先生的提案视为管理者在一个国有化工业中会获得何种地位的具体例子，我们会看到，管理者并没有遇到上述两种危险中的任何一种。的确，管理者将要与一个地方矿业委员会或矿井委员会合作，后者会"每隔两周出现一次，如果有必要会更频繁，在所有与采矿的管理和安全有关的问题上都向管理者提建议"，"如果管理者拒绝采纳地方矿业委员会在有关采矿安全和卫生问题上的建议，问题就会被提交到地区矿业委员会"。还有一个事实是，一旦这个地方矿业委员会正式成立，管理者就会发现有必要赢得它的信任，通过劝服而非单纯的强制来进行领导，简言之，就是建立起任何共同任务中的同事之间都应该有的同志友谊和善意。但是，这些并不会损害他的权威，除非"权威"被理解成一种无人能运用的专断权力，几乎没有人会在清醒的时候主张这种权力。可以任命管理者并要求管理者尽责的，并不是受他监管的下属，而是地区矿业委员会，该委员会控制一个地区的所有矿井，并且管理者在委员会中有自己的代表。他也不会受到一个遥远的"职员统治"（clerkocracy）的支配，被后者用通告压制，用来自伦敦的不切实际的命令凌驾于他的专业知识之上。大法官桑基和矿工联合会提出的方案，核心都是在国有制框架内建立分权式管理。"白厅管理工业"没有问题。不同煤矿的特点千差万别，对地方知识和经验的依赖是必不可少的，有人提议依照地方知识和经验管理工业。总之，人们建议的体制不是"单一制"而是"联邦制"。中央机构和地方机构的职能和权力会有不同的分工：前者会制定基本规则，应对那些必定要在全国范围内处理的问题；后者将管理本地区的工业，只要它们遵守规定，按配额提供煤炭，就可以拥有地方自主权，按照它们认为最适合当地情况的方式采矿、生产。

170

　　脑力劳动者担心外行干涉其专业技能是非常自然的，经过上面的解释，公有制似乎并不会让他们面临这种危险。实际上，公有制提供给脑力劳动者的职业发展机会，远比现在虽提供给所有人但只有少数人得到的机会多，尤其是在来自董事会的压力让短视的经济利益凌驾于对生产效率的考虑之上的时候。脑力劳动者的专长是提高生产效率，但是董事会希望向股东展示即时的利润，而且为了获得即时利润，他们会对矿井"去粗取精"，或者采用不考虑技术效率的方式。共同体的利益和管理者的利益一样重要，因为共同体的利益就在于确保管理者的职业技能得到解放，以便为公众服务。

过去三十年的经济发展已经让工业的全体管理和技术人员成
为承担无比重要的公共责任的智囊，他们有最美好的愿望，
目前却几乎无法履行这些公共责任。现代工业组织最突出的
特征就是，商人负责把控生产的大方向，本身却不一定知
晓具体生产过程。"商业"（business）和"工业"（industry）
开始变成两种东西，尽管仍统一于同一个经济体系，却雇用
不同类型的人员，激发不同的品质，认可不同的效率和工艺
标准。当然，从事工业的技术人员和管理人员也像常人一样
接受经济激励。但是他们的专门工作是生产，不是赚钱。只
要没有遭受经济上的不公，他们就和大多数劳动者一样只
想着"确保工作做得妥妥当当"。商人从根本上控制着工业，
他们关心公司的提升和资本化，销售竞争力和商品广告、市
场控制、专业优势的保证，还有对联合、合并和垄断的安
排。他们实际上专注于经济结果，只有在商品制造影响经济
结果的情况下，才对实际的商品制造感兴趣。

组织上的变化在很大程度上将商业和管理变得专业化，
它的重要性可以比肩一个半世纪前商业与劳动的分离。它对
消费者尤其重要。只要管理者、技术人员和资本家的功能像
在古典时代的工厂体系中那样，还由一个叫"雇主"的人承
担，人们就可以不无道理地假定利润和生产效率绑在一起。
在这种情况下，这种精巧的设置具有某种合理性，经济学家
已经证明了，雇主会遵守"替代法则"，选择最经济实用的

171

172

程序、机器或组织类型。事实上，即便如此，雇主还是可能给商品掺假，或者剥削无助的工人阶级。但是，如果那个指挥工业的人自己首先是一个管理者，他就不太可能再接受训练，专门关注与生产工艺进步无关甚至相反的经济收益，即便他有这样的意愿，也没有能力或时间。传统上把"制造商"描绘成消费者利益的保护人是有原因的。由于工业的经济与技术部门的分离——"商业"脱离"生产"，将利润与生产效率绑到一起的联系就被切断了。确保利润而又不提高生产效率的方法比以前多了。有人辩称，工业领袖追求的利益刺激工业采取最"划算的"方法，进而确保工业的进步。这里有必要问一下："谁划算？"尽管在以最低的实际成本为消费者提供最好的服务这个意义上，最有效率的工业组织或许对这家公司是最有利可图的，但同样真实的是，利润产生的方式一直都与有效率的生产没有什么关系，实际上有时还妨碍生产效率。

"商业"可能发现，让自己经济上最有利的方法恰恰就是那些被一种真正的科学"管理"谴责的方法。有三个例子可以解释"商业"的处境。第一，新商业灵活的资本化，或者既有商业的重构，所获得的全部利润几乎与生产没有任何联系。例如，兰开夏郡一家有10万英镑资本的纺织厂被一个伦敦财团买入，后者将其资本价格提到50万英镑——这一点都不夸张，这时发生了什么呢？在很多情况下，经历资本化之后，纺织厂的生产设备还跟以前一样，然而，它的估价已经不同了，因为人们预期纺织厂的产品售价不仅在原来的资本价格上可以有合理的利润，在新价格上同样也有合理的利润。如果市场的表面状态和工业的前景足以诱使公众相信这一点，那么工业重构的促进者就会发现，在新基础上对纺织厂进行资本重组是值得的。他们不是作为制造商赚取利润，而只是作为投资者获取利润。他们不用采取任何方式以提高公司的生产效率，而是获取能使他们增加回报的股份。通常情况下，如果市场利好，他们就会抛售刚刚收购的大部分股份。但是不管他们是否这样做，这个过程都已经发生了，即工业中的商业因素获得了占有更大份额产品的权利，而无须用任何方式提高供应给消费者的服务的效率。

174　　　其他两个例子是竞争性行业的浪费和垄断利润。"商业"用这种方式控制生产，切断了经济进步的路线。众所周知，消费者支付的价格包括营销成本，这个成本在很大程度上（虽然会有变化）并不是供应商品所产生的费用，而是在涉及广告和竞争性分销的情形下供应商品所产生的费用。这类费用使个别公司得以吞并竞争对手的部分业务，因而对它们可能是划算的，但是对牛奶或煤炭（两个臭名昭著的实例）的消费者而言则纯粹是损失。人们有时认为，这类浪费并不限于分销领域。希望铁路统一管理的铁路管理者和采矿业的采矿工程师阐明了技术上的原因。但是，直到战争开始，商业考虑依然支撑着费用昂贵的系统，在这种系统下，每个铁路公司都作为一个独立的系统运营；此外，仍然阻碍煤矿（即便是同一个地区的煤矿）接受单一组织的管理。矿井被水淹没，因为各个公司不同意分担一个共同的排水系统的成本。原材料买入和产品卖出都由各个公司独立进行，因为煤矿没有合并在一起；被遗弃的小煤矿留下了多达数百万吨煤，因为对控制生产的商人而言，最划算、技术上最有效率的开采，也不一定能让这些煤层产生最大利润。在不同矿场的经济实力存在巨大差异的情况下，经济上划算的联合并不容易实现。一家拥有"好产品"的公司的董事们，自然不希望将利益与一家产煤质量差或开采成本高的公司捆绑在一起。和其他产业中的情况一样，某些竞争性浪费正越来越多地通过企业合并来消除，这意味着技术效率有了实质性的提升，这一点必须归功于商业动机。不过，在这种情况下，商业利益和消费者利益之间的分歧被进一步放大，在价格问题上的分歧自然也出现了。倘若有人认为对伴随商业利益主导生产而导致的经济浪费的描绘过于夸张，我们可以请他考虑"有效率的工程师"所认可的对该系统的批评，人们大力呼吁这些工程师对工业组织和设备提出建议。"公司的高层管理者，"战争期间在美国成立的一家公用事业公司的 H. L. 甘特（Gantt）先生写道，"无一例外都是'商业'型思维的人，他们靠出资、买卖等手段获得成功……众所周知，我们的工业体系并没有像我们期望的那样符合标准……造成这种情况的原因无疑在于，指挥它的人是在一个为利润而运转的商业体系中接受的训练，并不能理解一个只为生产而运转的体

175

系。这里无意对作为个体的他们进行批评，他们只是不了解这个工作，更糟的是，他们并不知道自己不了解。"

176　　　所以只要"商业"和"管理"分离，后者在前者的指挥下得到运用，我们就不能说工业的管理权掌握在最关心生产效率的人手中。当然，不可否认，效率很大程度上是追求商业利润附带的结果。然而，真相似乎是，已经达到这种发展阶段的工业，其指挥者的主要兴趣在于提供经济战略和控制市场，因为这些活动提供的收益通常要比仅仅改进生产过程带来的收益高得多。不过很明显，恰恰是改进生产过程最符合消费者的主要利益。只要利润代表着有效率的生产，消费者或许可以容许巨额利润。他关心的其实是商品的供应，不是股份的价值；当利润看起来不再来自有效率的生产，而是来自技术性的投资或精明的商业策略时，就不再值得称赞了。如果消费者对"牟取暴利"感到厌恶，想要寻求新系统替代由"商业"控制生产的系统，他除了与工业的全体管理和技术人员结盟外，几乎没有其他选择。这些人组织提供消费者要求的服务，也不太会因物质利益或心理偏见而与消费者不信任的金融方法产生牵连。他们常常发现，商人（主要
177　是投资者）对其职业的控制令人恼火地阻碍了技术效率的提升，商人在薪资待遇上也很刻薄吝啬。不管是在公共场所还是职业领域，管理和技术人员这个群体都应该发挥带头作用，促进生产者与公众合作。他们能为共同体提供科学知识和专业能力，这是生产工艺进步最重要的条件。共同体能给

他们提供更有保障也更有尊严的地位、更多施展特殊才能的机会，让他们意识到他们在最好的生命里努力工作的目的，不是为一小撮无害但乏味的股东赚钱，而是为广大同胞提供服务。即便将最后一点优势作为套话去掉——即便假定卫生领域的医务人员、教育官员、合作批发领域的主管不会受到社会服务意识的任何影响，前两点无论如何都是要保留的，而且它们很重要。

正是因为管理技术逐渐与经济利益脱离，才会出现未来的"雇主"可能会遵循的发展路线。全行业用固定薪资替代浮动利润，仅凭此举就会使掠夺性企业给他的地位笼罩的可耻氛围减半；在这种氛围下，今天关心荣誉的人在用服务换取报酬时，假如发现自己占有一份盈余，即便没有理由转让出去，也会感到难堪。一旦消除了来自利润的大额收入，按今天的收入计算，他的薪资不必很高。据说，在财富仍然用牛计算的野蛮人中间，大酋长就被称为"百牛人"。大企业的管理者年薪 1 万英镑，可以按照类似的方法被称作"百户人"（hundred-family man），因为他的收入相当于 100 户普通家庭的收入。的确，特殊才能是无价之宝，1 万英镑的年薪在一个营业额数百万的企业负责人看来是一笔小钱。但是经济并非唯一的考量因素，还有"荣誉问题"。其实，拿百户薪资不是符合绅士风度的行为。

当真正重要的事务迫在眉睫时，每个人都意识到，没有哪个正派的人会坚持他的要价。一位将军不会为了与他对胜

178

利的贡献等价的金钱而同政府讨价还价。一个给正在休息的
军营发警报的哨兵，第二天也不会花时间讨要他拯救的生命
的资本价值；他的报酬是每天 1 便士，能得到就是幸运的。
一艘军舰的指挥官不会让他自己和他的财物上救生船，却
留下船员奋力爬出失事的军舰；作为指挥官，他往往是最后
离开的人。公众没有理由把制造商和商人看得比将军厚颜无
耻、比士兵奢侈而借此羞辱他们。有人说他们理应拿到高得
多的薪水，尽管他们中很少有人拿到，这话大体不错，但是
179　这是次要的。任何人都无权期待按照"自己的价格"来获得
报酬，因为他的价值是他的灵魂与上帝间的事。他有权要求
的报酬以及同事帮助他得到的报酬，足以确保他完成自己的
工作。当工业以功能为基础进行组织的时候，那份报酬——
除此之外再无其他，就是他将得到的报酬。说句对工业管理
者公道的话，他们与股东不同，不太会有吵着要更多钱的恶
习。他们没有理由这么做。如果一个人有一份重要的工作，
又有足够的闲暇和收入让他能够做好这份工作，他拥有的幸
福就足以和亚当的任何孩子媲美。

第十一章　不可少的一件事

　　根据功能而非权利来组织社会，其中蕴含三个意思：第一个意思是当所有权伴随着服务的执行时，应该予以保留，否则就应该被废除；第二个意思是，生产者应该直接与共同体联系，为共同体从事生产，这样他们对共同体的责任才能明白无误，不会像现在这样迷失在他们对股东的直接从属关系中，毕竟股东感兴趣的并不是服务而是利润；第三个意思是，维持服务的义务应该依赖于提供服务的人组成职业组织，这些组织应该接受消费者的监督和批评，根据需要尽量在工业的管理层发声，以确保义务得到履行。显而易见，任何系统或机制的改变其实都不可能杜绝引起社会不满的原因，其中包括人性的利己、贪婪和好争辩。这种改变所能做的是创造一个环境，不去鼓励这些品性。它不能保证人们照原则行事，所能做的是依据人们只要愿意就能遵守且不遗忘的原则建立社会秩序。它不能控制人们的行为，却能给人们提供一个专注的目标。从长远来看，除了个别例外，人们想着什么，人们的实际行动就会是什么。

　　所以，正确组织工业的首要条件就是认知转向，而不信任原则的英国人倾向于将认知转向放到最后或者完全忽略。也就是说，重点应从工业提供给个体的机会转移到所执行的社会功能上。人们应该明确工业的目标，参照这个目标来评判工业，而不是靠外在的偶然结果，不管这个结果可能有多么闪耀或迷人。工业的目标为所有并非完全自主的行动赋予意义。正是因为工业的目标（征服自然，服务人类）既没有在工业的组织形式上得到充分表达，也没有体现出参与者的思想，正是因为人们认为工业不是一种功能，而是个人获利、提升或展示的机会，现代社会的经济生活才处在无休止的病态亢奋中。如果能够消除产生那种非自然紧张状态的条件，工业就只会受到一种思维习惯的影响。这种思维习惯会以工业所要服务的目标为立足点来解决经济组织的问题，还会在工业中应用培根所表达的精神——人从事工作，应该是"为了彰显上帝的荣耀和改善人类境况"。

182　　从这个角度看，我们会发现，那些在权利基础上无法得到解决的问题可能更容易得到理性对待。这是因为，一个目标首先是一个限制原则，它决定行动的最终结果，也因此界定行动的范围。它将值得做的事和不值得做的事分开，然后确定值得做的事应该完成的程度。其次，它是一个团结原则，因为它提供了引导努力的共同目的，而且将其他情况下可能冲突的利益交给一位高于一切的客体来评判。最后，它是一个分配原则，为参与共同任务的诸团体的各部分制定一个执行任务的位置。所以，它建立秩序所依据的不是机会或权力，而是原则。它使报酬的基础不是人能为自己抢到多少好运气，也不是在不幸的情况下人能被诱使接受什么，而是与人的职能相匹配的东西，不多也不少，因此没有履行职能的人得不到报酬，为共同目标做贡献的人因提供光荣的服务获得应得的报酬。

> 兄弟呀，神的爱的力量满足我们的愿望，使得我们只愿享有我们现有的，而不使我们渴望别的。假若我们向往更高的地方，我们的愿望就不符合注定我们在此处者的意志。

＊　＊　＊　＊　＊

> 相反，把我们各自的意志保持在神的意志范围内，使得我们大家的意志变成一个意志，对于这种幸福状况是至关重要的。

183

＊　＊　＊　＊　＊

> 那时我才明白，天上到处都是天国，虽然在那里"至善"的恩泽并非以同等程度降于各处。①

---

① 引文出自《神曲》，译文参阅但丁著、田德望译《神曲·天国篇》，人民文学出版社 2001 年版，第 19、21 页。

在这些著名诗句中，毕卡尔达 ① 向但丁解释了天堂的秩序。这些诗句描述了一个复杂多样的社会，这个社会团结在至高无上者周围，献身于一个共同目标。一切位置都依靠这个目标安排，一切行动都经由这个目标得到评估。各个部分的能力都源自其在系统中的位置，并且被它们所体现的整体性深度渗透，连它们自己都愿意被人忘记自身的存在，就像视线随着拱门的各条肋骨拱，从地面延伸到它们相遇和交错的拱顶。

整体性和多样性的这种结合，只有在一个按照目的原则行事的社会中才是可能的。目的原则不仅仅提供决定不同生产层级和群体间关系的标准，还提供一种道德价值尺度。最重要的是，目的原则将经济行为本身恰当地定位为社会的仆人，而不是主人。我们文明的负担并不像一些人想象的仅仅在于工业产品分配不当，工业管理专断，或者工业运营受到不满的异见干扰。它在于工业本身已经开始获得完全掌控人类利益的地位，任何一种利益，尤其是物质生活资料的供应，都无法胜任这个位置。工业化共同体就像一个疑病症患者，只专注于自己的消化过程，以至于在走进坟墓前都不曾生活过。工业化共同体在全神贯注于获得财富的方法时，刚好忽略了值得获取财富的目标。

经济问题引发的这个困扰让人反感和不安，不过只是局

---

① 毕卡尔达（Piccarda）即上文引用的诗歌内容的叙述者。

部的、暂时的。对后代人来说，这个困扰看起来就和今天看待宗教争端带给 17 世纪的困扰一样可怜。实际上，由于这个困扰所涉及的目标不那么重要，它显得更不理性。它是一种毒药，让每一处伤口发炎，将每一道轻微抓痕都变成恶性溃疡。只有排出毒素，学会正确看待工业本身，社会才能解决困扰自己的具体工业问题。为此，社会必须建立新的价值体系；必须只把经济利益看作生活的一个因素，而不是生活的全部；必须劝说成员放弃没有相应服务职能的获利机会，因为争夺这类利益让整个共同体陷入狂热；必须在组织工业时让经济活动从属于它们服务的社会目标，从而强调经济活动的工具特征。

索 引

（索引页码为原书页码，即本书边码）

Abolition of private ownership 废除私有制 147

Absenteeism 旷工 152

Absolute rights 绝对权利 50-51

Absolutism in industry 工业中的专制主义 144

Acquisitive societies 贪婪的社会 29-32

Administration 管理 115-116

Allocation of power 权力分配 163-164

American Constitution 美国宪法 18-19, 52

Annuities 养老金 74

Arbitration, compulsory 强制仲裁 101

Bacon, quoted 引用培根 58, 181

Bentham 边沁 16, 52, 55

Brain workers, position of the 脑力劳动者的地位 161-171

British Coal Industry, reorganization of 英国煤炭工业重组 166-171

Building Guilds 建筑同业公会 103

Building Trade Report 建筑行业报告 106-110

Bureaucracy 官僚主义/官僚机构 116, 149

Capitalism 资本主义
  and production 生产 173-176
  downward thrust of 强制降低 154
  in America 美国 101
  losing control 失去控制 141-142, 148

Cecil, Lord Hugh 休·塞西尔勋爵 23, 58

Cecil, Robert 罗伯特·塞西尔 59

Cecil, William 威廉·塞西尔 59

Church and State 教会与国家 10-13

Coal Industry Commission 煤炭工业委员会 71, 126, 137, 143

report of 报告 166-167

Coal Mines Committees 煤矿委员会 152

Combinations 联合 125, 130

Committee on Trusts 信托委员会 153

Competition 竞争 27

Compulsory arbitration 强制仲裁 101

Confiscations 充公 103

Conservatism, the New 新保守主义 28

Consumer, exploitation of the 剥削消费者 133-134

Co-operative Movement and cost of coal 合作运动与煤炭成本 125

Dante, quoted 引用但丁 182-183

Death Duties 遗产税 22

Democratic control 民主控制 116

Dickenson, Sir Arthur Lowes 阿瑟·洛斯·迪金森爵士 71

Directorate control 董事会控制 129

Duckham, Sir Arthur 阿瑟·达克汉姆爵士 119

Duke of Wellington, quoted 引用威灵顿公爵 123

Economic confusion, cause of 经济混乱的原因 131-132

Economic discontent, increase of 对经济日益不满 5

Economic egotism 经济利己主义 27

Economic expansion 经济扩张 9

Efficiency, the condition of 影响效率的条件 139-160

through *Esprit de Corps* 凭借集体荣誉感 149-150

Employer, waning power of the 雇主式微 140

England 英国

and natural right 自然权利 15-16

and France contrasted 对比法国 16-17

Industrialism in 工业主义 44-47

Liberal Movement in 自由运动 18

over-crowding of population in 人口拥挤 37

proprietary rights in 所有权 64

（及以后）

English landlordism　英国地主土地
　　所有制 22–23

Englishmen　英国人
　　characteristics of　特点 1–3
　　vanity of　虚荣心 129

English Revolution of 1688　1688
　　年英国光荣革命 52

Esch-Cummins Act　埃施 - 康明斯
　　法案 118

Expediency, rule of　便利原则 16

Feudalism　封建主义 18

Fixed salaries　固定薪资 177–178

Forced labor　强制劳动 102

France　法国
　　social and industrial conditions in
　　　社会条件和工业条件 16–17
　　Feudalism in　封建主义 18
　　Revolution in　大革命 15, 65, 69

French Revolution　法国大革命 15,
　　65, 69

Function　功能
　　definition of　定义 8
　　as a basis for remuneration　作为
　　　报酬的基础 41–42
　　as a basis of social reorganization
　　　作为社会重组的基础 180

Function and Freedom　功能与自由 7

Functional Society　功能社会 29,
　　84–90

Functionless property-owners　无功
　　能的财产所有者 79, 86
　　abolishment of　废除 87–88
　　an expensive luxury　奢侈享受 87

Gainford, Lord, quoted　引用盖恩
　　福德勋爵 26, 111

Gantt, H. L.　H. L. 甘特 175

Government control in war time　战
　　时政府管制 25–26

Ground-rents　地租 89–90, 91

Hobson, Mr.　霍布森先生 63

"Hundred-Family Man"　"百户人"
　　178

Imperial Tobacco Company　帝国烟
　　草公司 116

Incomes　收入 41

Income Tax　所得税 22

Income without service　不提供服
　　务的收入 68

Individualism　个人主义 48–49

Individual rights　个人权利 9

Individual rights vs. social functions
个人权利与社会功能 27

Industrial problems 工业问题 7

Industrial reorganization 工业重组
151, 155

Industrial revolution 工业革命 9

Industrial societies 工业社会 9

Industrial warfare 工业战争
cause of, and remedy for 起因与
解决办法 40-42

Industrialism 工业主义 18
a poison 毒药 184
compared to Militarism 与军国
主义比较 44-46
exaggerated estimate of its impor-
tance 过度夸大其重要性 45-
46
failure of present system 现有体
系的失败 139-141
nemesis of 报应 33-51
spread of 传播 30
tendency of 趋势 31-32

Industry 工业 / 行业
and a profession 和职业 94, 97
as a profession 职业化 91 （及
以后）, 125-126
deficiencies of 缺陷 147

definition of 定义 6

how private control of may be
terminated 如何终止私人对
工业的控制 103-104

and the advantages of such a
change 这种变化的益处 106

Building Trades' Plan for 建筑业
的计划 108, 111

motives in 动机 155-159

nationalization of 国有化 104,
114-118

present organization of intolerable
无法忍受的现有组织 129

purpose of 目的 8, 46, 181

right organization of 正确组织
6-7

the means not the end 手段而非
目的 46-47

Inheritance taxes 遗产税 90

Insurance 保险 74

Joint control 联合管理 111-112

Joint-stock companies 股份公司 66

Joint-stock organizations 股份制组
织 97

Labor 劳动

absolute rights of 绝对权利 28

and capital 资本 98-100, 108

compulsory 强制 100

control of breaking down 控制的

　瓦解 139（及以后）

degradation of 恶化 35

forced 强迫 102

League of Nations 国际联盟 101

Liberal Movement 自由运动 18

Locke 洛克 14, 52, 55

Management divorced from ownership

　管理权与所有权分离 112-113

Mann, Sir John 约翰·曼爵士 126

Militarism 军国主义 44-45

Mill, quoted 引用密尔 89

Mine managers, position of 采矿经

　理的地位 162, 166-168

Mining royalties 矿区使用费 23-

　24, 88

Nationalism 民族主义 48-49

Nationalization 国有化 114, 117

　of the Coal Industry 煤炭工业

　115, 165, 168-169

Natural right in France 法国的自然

　权利观念 15

in England 英国 15-16

　doctrine of 信条 21

Officials 高级职员

　position under the present economic

　system 在当前经济体系下的地

　位 162

Old industrial order 旧的工业秩序

　a failure 失败 139

　its effect on the consumer 对消

　费者的影响 144

Organization 组织

　for public service instead of private

　gains 提供公共服务而非获取私

　人收益 127

Over-centralization 过度集中 121

Ownership, a new system of 一种

　新的所有制 112-114

Pensioners 领取养老金的阶层 34

Poverty a symptom of social disorder

　贫困是社会失序的征兆 5

Private enterprise and public ownership

　私有企业与公有制 118-120

Private ownership 私有制 120

　abolition of 废除 147

　of industrial capital 工业资本

105-106

Private rights and public welfare 私人权利与公共福利 14-15

Privileges 特权 24

Producer 生产者

obligation of the 义务 127-128

responsibility of 责任 128

Production 生产

increased 增加 5

large scale and small scale 大规模和小规模 87

misdirection of 误导 37-39

why not increased 为什么没有增加 136

Productivity 生产力 4, 46

Professional Spirit, the 职业精神 149-150

Profits 利润

and production 与生产 173-176

division of 分配 133

Proletariat 无产阶级 19, 65

Property 财产（财产权）

absolute rights of 绝对的财产权 52, 80

and creative work 创造性工作 52（及以后）

classification of 财产的分类 63,

64

complexity of 财产的复杂性 75

functionless 无功能的财产 76-77, 81

in land 土地财产 56-60

in rights and royalties 权利与使用费 62

minority ownership of 小部分人的财产所有权 79

most ambiguous of categories 最模糊的范畴 53-54

passive ownership of 消极的所有权 62

private 私有财产 70-72

protection of 保护财产 78-80

rights 权利 50-51

security in 安全 72-73

socialist fallacy regarding 社会主义者关于财产权的谬误 86

Proudhon 蒲鲁东 54

Publicity of costs and profits 公开成本与利润 85, 123-124, 126, 132

Redmayne, Sir Richard 理查德·雷德梅因爵士 149

Reformation, the 宗教改革 10-13

effect on society 社会影响 12-14

Reform Bill of 1832　1832 年改革法案 69

Religion　宗教 10

　changes in　改变 11-12

Report of the United States Industrial Commission, 1916　1916 年的《美国劳资委员会最终报告》 128-129

Riches, meaning of　财富的含义 98

Rights of Man, French Declaration of, the　法国《人权宣言》 16, 52

Rights　权利

　and Functions　功能 8-19

　doctrine of　定义 21（及以后），43-44

　without functions　没有功能的权利 61

Rights of the shareholder　股东的权利 75

Royalties　使用费 23-24, 62

　and property　财产 70

　from coal mining properties　煤矿开采权 88

　a tax upon the industry of others　对别人的辛勤劳动征税 89

Sankey, Justice　大法官桑基 115, 117, 143, 165, 167, 168, 169

Security of income　收入安全 73-75

Service as a basis of remuneration　作为报酬基础的服务 25, 41-42, 85, 133

Shareholders　股东 91-92

Shells, cost of making　制造炮弹的成本 124-125

Smith, Adam　亚当·斯密 15, 52, 95

Social inequality　社会不平等 36-37

Social reorganizations, schemes for　社会重组计划 5

Social war　社会战争 40

Socialism　社会主义 53

Society, duality of modern　现代社会的二重性 135

Society, functional organization of　社会的功能性组织 52

State management　国家管理 116, 117

Steel Corporation　钢铁企业 116

Supervision from within　内部监督 151

Syndicalism　工团主义 130

Taxation 税收 22

Trusts, Report on 信托报告 23

United States, transformation in 在美国的转变 65

Utilitarians, the English 英国功利主义者 17

Utility 功利 16-17

"Vicious Circle," the "恶性循环" 43, 123-138

Voltaire, quoted 引用伏尔泰 55

Wages and costs 工资与成本 131

Wages and profits 工资与利润 78

Wealth 财富

　acquisition of 获取 20（及以后）

　as foundation for public esteem 作为得到公众尊敬的基础 35-36

　distribution of on basis of function 根据功能分配财富 77

　fallacy of increased 增长谬误 42-45

　how to increase output of 如何增加财富产出 147

　inequality of 不平等 37-38

　limitation of 限制获取财富 36-37

　output of 产出 37-38

　production and consumption of—a contrast 生产与消费的对比 77-78

　waste of 浪费 37-39

Whitley Councils 惠特利委员会 110

Women self-supporting 女性自立 74

Worker and Spender 劳动者与挥霍者 77-78

Workers, collective responsibility of 劳动者的集体责任 154

Workers' control 劳动者参与管理 128

Workmen 劳动者

　as "hands" 作为"工具" 152

　present independence of 当前的独立性 145-146

　responsibility of destroyed 毁灭劳动者的责任感 153-154

　servants of shareholders 股东的仆人 136-137

　treatment of 所受的对待 152-153

读者联谊表

（电子文档备索）

姓名：　　　年龄：　　　　性别：　　　宗教：　　　党派：

学历：　　　专业：　　　　职业：　　　　所在地：

邮箱＿＿＿＿＿＿＿＿＿＿手机＿＿＿＿＿＿＿QQ＿＿＿＿＿

所购书名：＿＿＿＿＿＿＿＿＿＿在哪家店购买：＿＿＿＿＿＿

本书内容：满意　一般　不满意　本书美观：满意　一般　不满意

价格：贵　不贵　阅读体验：较好　一般　不好

有哪些差错：

有哪些需要改进之处：

建议我们出版哪类书籍：

平时购书途径：实体店　网店　其他（请具体写明）

每年大约购书金额：　　　藏书量：　　　每月阅读多少小时：

您对纸质书与电子书的区别及前景的认识：

是否愿意从事编校或翻译工作：　　　　愿意专职还是兼职：

是否愿意与启蒙编译所交流：　　　　是否愿意撰写书评：

如愿意合作，请将详细自我介绍发邮箱，一周无回复请不要再等待。

读者联谊表填写后电邮给我们，可六五折购书，快递费自理。

本表不作其他用途，涉及隐私处可简可略。

电子邮箱：qmbys@qq.com　　联系人：齐蒙

启蒙编译所简介

启蒙编译所是一家从事人文学术书籍的翻译、编校与策划的专业出版服务机构，前身是由著名学术编辑、资深出版人创办的彼岸学术出版工作室。拥有一支功底扎实、作风严谨、训练有素的翻译与编校队伍，出品了许多高水准的学术文化读物，打造了启蒙文库、企业家文库等品牌，受到读者好评。启蒙编译所与北京、上海、台北及欧美一流出版社和版权机构建立了长期、深度的合作关系。经过全体同仁艰辛的努力，启蒙编译所取得了长足的进步，得到了社会各界的肯定，荣获凤凰网、新京报、经济观察报等媒体授予的十大好书、致敬译者、年度出版人等荣誉，初步确立了人文学术出版的品牌形象。

启蒙编译所期待各界读者的批评指导意见；期待诸位以各种方式在翻译、编校等方面支持我们的工作；期待有志于学术翻译与编辑工作的年轻人加入我们的事业。

联系邮箱：qmbys@qq.com

豆瓣小站：https://site.douban.com/246051/

图书在版编目（CIP）数据

贪婪的社会 /（英）R.H. 托尼著；启蒙编译所译 . —北
京：商务印书馆，2021
（启蒙文库）
ISBN 978-7-100-19425-9

Ⅰ.①贪⋯　Ⅱ.①R⋯②启⋯　Ⅲ.①社会批判论—研
究　Ⅳ.①C91

中国版本图书馆 CIP 数据核字 (2021) 第 022407 号

启蒙文库
贪婪的社会
〔英〕R.H. 托尼　著
启蒙编译所　译

商　务　印　书　馆　出　版
（北京王府井大街 36 号　邮政编码 100710）
商　务　印　书　馆　发　行
山东韵杰文化科技有限公司印刷
ISBN　978 - 7 - 100 - 19425 - 9

2021 年 7 月第 1 版　　　开本 880 × 1240　1/32
2021 年 7 月第 1 次印刷　　印张 5¼
定价：45.00 元